La Casa de la Biblia

EL AUTÉNTICO ROSTRO DE JESÚS

Guía para una lectura comunitaria del evangelio de Marcos

Participante

DECIMOCUARTA EDICIÓN

EDITORIAL VERBO DIVINO
Avda. de Pamplona, 41
31200 Estella (Navarra)
2002

En la preparación de estos materiales han participado Florencio Abajo, Eduardo Carrasco, Eugenio García, Rocío García, Juan Stefanów, Irene Vega y Emilio Velasco, bajo la dirección y coordinación de Santiago Guijarro.

Dibujos: Miren Sorne

14ª edición

Avda. de Pamplona, 41, 31200 Estella (Navarra)
ISBN 84-8169-128-3

Fotocomposición: La Casa de la Biblia
Mayor, 81, 28013 Madrid
Impresión: GraphyCems, Villatuerta (Navarra)

Depósito legal: NA. 2.848-2002
Impreso en España

PRESENTACIÓN

Hace tres años apareció la primera edición de esta guía para la lectura comunitaria del evangelio de Marcos. Nació vinculada a un proyecto concreto, cuyo objetivo era ofrecer un itinerario para el primer año de preparación al Jubileo del año 2000. La acogida que tuvo esta iniciativa fue verdaderamente sorprendente, y esto nos animó a preparar nuevas guías de lectura para los años siguientes. En 1997 publicamos una guía de lectura del libro de los Hechos de los Apóstoles, titulada *El impulso del Espíritu*; en 1998, otra para leer el evangelio y las cartas de Juan, bajo el título *El amor entrañable del Padre*, y en 1999, otra sobre el libro del Apocalipsis, que acaba de aparecer con el título *Un mundo sin llanto ni dolor*.

Todos estos materiales han sido elaborados por un equipo que ha ido enriqueciéndose en estos tres años con nuevos miembros y perfeccionando cada vez más el tipo de lectura propuesta. Fue en el segundo volumen donde perfilamos más el método y la presentación, y por ello hemos pensado que valdría la pena revisar a fondo este primero integrando lo que habíamos aprendido al realizar los otros dos. Nos ha movido a ello también el hecho de que el evangelio de Marcos se lee en la liturgia dominical cada tres años. Esta guía de lectura puede ser un buen complemento a dicha lectura dominical, pues aunque no se detiene en el evangelio de cada domingo, la lectura completa del texto de Marcos aportará sin duda claves para su mejor comprensión.

1 Un proyecto de evangelización

Estos materiales fueron ideados para llevar a cabo un proyecto evangelizador. Las fichas de lectura y las orientaciones para los animadores de los grupos pretenden llevarlos hasta el umbral del relato evangélico, y desaparecer después, para que cada grupo y cada persona prosiga su camino de encuentro personal con Jesús.

El camino que proponemos se apoya en tres pilares, en tres claves de lectura, que es importante tener en cuenta antes de comenzar a caminar.

En primer lugar, proponemos hacer este camino no en solitario, sino con otros creyentes, *en comunidad*. Esta dimensión comunitaria se deduce del mismo evangelio, que fue escrito en una comunidad y para una comunidad; y también de la naturaleza de la Iglesia. En el grupo hay lugar para la diversidad y cada uno puede encontrar el complemento que le proporcionan los demás. Exige una actitud de apertura y sencillez; de aceptación de los demás y de entrega generosa de sí mismo.

En segundo lugar, deseamos que la lectura del evangelio se haga con actitud de fe y en clima de oración. Queremos hacer una *lectura creyente*. Hay muchas maneras de leer la Biblia. Nosotros elegimos una que responde a la intención con que fueron escritos los evangelios: fortalecer la fe de las comunidades cristianas. Esta segunda clave requiere de los participantes una actitud de apertura a Dios, de fe en su capacidad de hablarnos hoy a través su Palabra y de los acontecimientos de la vida.

Y en tercer lugar, al hacer esta lectura del evangelio debemos estar *abiertos a la conversión*. Si el encuentro con el Señor resucitado a través de su Palabra no va cambiando nuestras vidas; si no nos dejamos interpelar y transformar por ella, entonces nuestro acercamiento al evangelio habrá sido inútil. La experiencia de Jesús y de los primeros cristianos reflejada en el evangelio cuestionará nuestras vidas y nos obligará a cambiar poco a poco.

Así pues, lo que proponemos es hacer una lectura comunitaria del evangelio en clave de oración y orientada a la conversión.

2 Una propuesta concreta

La propuesta concreta consiste en una lectura seguida del evangelio de Marcos. Es el evangelio más antiguo, y también el que contiene un relato más interpelante. Los dos ejes sobre los que gira son también aquellos en los que nosotros necesitamos profundizar más en un proceso evangelizador. El primero es el descubrimiento de Jesús, y el segundo el discipulado.

La pregunta sobre Jesús atraviesa todo el evangelio, pero las respuestas se van dando poco a poco. Por eso, leer despacio este evangelio nos obligará a preguntarnos cuál es nuestra propia respuesta, personalmente y como comunidad cristiana, y a contrastarla con las respuestas que se dan a lo largo del evangelio. Es muy probable que al final del proceso descubramos que hemos de revisar la imagen que teníamos de Jesús.

El otro eje de este evangelio es el proceso de los discípulos. Marcos cuenta su llamada y su envío, y los presenta caminando detrás de Jesús. Pero también ha dejado reflejada su incomprensión, sus dificultades, su huida. No son héroes lejanos, sino discípulos como nosotros. Por eso, muchas veces nos reconoceremos en sus respuestas a Jesús, en sus dudas y en sus dificultades, y junto a ellos haremos el camino que han hecho todos los discípulos en todos los tiempos.

En esta lectura seguida del evangelio combinaremos dos elementos. Antes de cada encuentro leeremos unos capítulos guiados por una pregunta sencilla, que después pondremos en común al comienzo de cada reunión. Pero la mayor parte del tiempo de cada encuentro lo dedicaremos a leer y meditar juntos un pasaje concreto de la sección que hemos leído personalmente antes.

La lectura seguida nos ayudará a no perder el hilo del relato. La inmensa mayoría de los creyentes no ha leído nunca seguido un evangelio, sino los pasajes sueltos que se proclaman en la eucaristía o se leen ocasionalmente al comienzo de una reunión. Lo que pretendemos con esta lectura seguida es que al menos una vez en la vida se lea el evangelio completo.

Pero como en el grupo no tendremos tiempo para detenernos en cada pasaje para meditarlo y orar con él, hemos elegido algunos que son más importantes para detenernos en ellos. En las guías de lectura que hemos elaborado hemos intentado subrayar las conexiones que hay entre ellos, y también hemos pretendido establecer con estos pasajes un itinerario de crecimiento en la fe.

3 El esquema de una reunión

Cada reunión irá precedida de una preparación personal, y seguida de una reflexión para interiorizar lo descubierto en cada encuentro.

Antes de la reunión

Cada participante leerá los capítulos que se indican al final de la ficha de la sesión anterior con ayuda de una pregunta sencilla. Es muy importante que todos los miembros del grupo hagan esta lectura reposadamente, y que lleven luego sus aportaciones al grupo. Si hay personas que tienen dificultades para hacerlo solas, se pueden organizar en pequeños grupos de dos o tres para hacer esta lectura. Esta forma de preparar la reunión suele ser muy enriquecedora.

En la reunión

La reunión tendrá dos momentos: primero pondremos en común lo que hemos descubierto en la lectura personal, y después nos centraremos en la lectura de un pasaje concreto. La guía de cada sesión ofrece sugerencias para estos dos momentos del encuentro.

La puesta en común ha de ser necesariamente breve. Su objetivo es ambientar la lectura del pasaje concreto, que será lo más importante.

La lectura del pasaje elegido seguirá siempre el mismo itinerario, que responde a las claves de lectura descritas más arriba. Este itinerario se inspira en la Lectio Divina, que es la forma más antigua de lectura creyente de la Biblia en la Iglesia. Tiene cuatro pasos, que van precedidos de una sencilla ambientación:

– *Miramos nuestra vida.* Partimos siempre de una experiencia de vida, para que todo el mundo pueda participar. Cuando se empieza a hablar de teorías muchos quedan excluidos de la conversación. Cuando se habla de experiencias de vida todos tienen algo que aportar. Puede que al principio haya gente a la que le cueste hablar. Una forma de hacer participar a todos es que el animador plantee a un miembro la pregunta que viene en este apartado, y luego él, después de responderla, le haga esta misma pregunta a otro, y así sucesivamente hasta que todos hayan respondido.

– *Escuchamos la Palabra de Dios.* Debe hacerse con esmero y dedicación. En cada ficha ofrecemos unas preguntas y la indicación de que se consulten las notas, y de que cada uno vuelva a leer personalmente el pasaje elegido. El objetivo fundamental de este segundo paso es descubrir la experiencia de fe que se encuentra reflejada en cada pasaje. En este momento el animador podrá iluminar al grupo si antes ha preparado bien la reunión consultando la explicación del pasaje que le ofrecemos en los materiales complementarios. Sin embargo ha de tener mucho cuidado para no anular las aportaciones del grupo. Sólo debe hablar al final, para subrayar, valorar y completar lo que el grupo ha descubierto.

– *Volvemos sobre nuestra vida.* En este tercer momento se trata de poner en diálogo la experiencia de la que hemos hablado al principio con lo que hemos descubierto en la Palabra de Dios. Ha de ser un diálogo sincero y desde la fe. Para que todos participen puede seguirse la técnica descrita en el apartado "Miramos nuestra vida" u otra. El animador, si está atento, irá captando qué es lo que facilita más la participación.

– *Oramos.* Todos los encuentros terminarán con una breve oración, relacionada con lo que hemos descubierto en el evangelio para nuestra vida. Las indicaciones de la ficha de trabajo son en este cuarto paso poco concretas. El animador que conoce los cantos que sabe el grupo deberá completarlas.

La reunión puede durar entre una hora y cuarto y una hora y media, dependiendo del número de personas que integren el grupo. A la primera parte (puesta en común) se le puede dedicar entre veinte minutos y media hora; y a la segunda (lectura del pasaje elegido), aproximadamente una hora.

Después del encuentro

Es conveniente que el encuentro se prolongue en una reflexión personal, en la que cada uno interioriza lo que ha descubierto en la reunión. También debe prolongarse en el compromiso que cada uno va adquiriendo.

El equipo de La Casa de la Biblia

1 OS PROPONEMOS LEER JUNTOS EL EVANGELIO

DESARROLLO DEL ENCUENTRO

En este primer encuentro vamos a intentar ponernos de acuerdo sobre lo que vamos a hacer en el grupo y sobre cómo lo vamos a hacer. Es importante que digamos hacia dónde nos gustaría *avanzar*, pues vamos a emprender un *camino* juntos, y este *camino* depende, en parte de la sinceridad con que manifestemos hoy nuestras expectativas.

Seguiremos los siguientes pasos:

• Saludo de bienvenida (de parte del animador) y presentación de los participantes.

• Decidimos juntos lo que vamos a hacer. Para ello es necesario que cada uno diga lo que espera encontrar en este grupo, y que todos intentemos comprender el objetivo que nos propondrá el animador.

• Nos ponemos de acuerdo en cómo lo vamos a hacer, escuchando atentamente la explicación del animador.

• Acordaremos el lugar, la hora y la frecuencia de nuestros encuentros.

• Explicamos la tarea para la próxima reunión.

PARA PROFUNDIZAR

La formación de los evangelios

Los evangelios son los libros de la Biblia más conocidos para la mayoría de los católicos, porque cada domingo los escuchamos en la celebración de la eucaristía. A fuerza de oírlos una y otra vez, muchas enseñanzas, parábolas, milagros y episodios de la vida de Jesús han acabado resultándonos familiares. Sin embargo, muy pocos católicos sabrían explicar cuándo, cómo y por qué se escribieron los evangelios. Ahora que vamos a comenzar a leer uno de ellos, puede ser interesante conocer algunas de estas cosas.

Evangelio y evangelios

Desde hace mucho tiempo llamamos "evangelios" a los cuatro libros de la Biblia que narran la vida de Jesús, pero entre los primeros cristianos la palabra "Evangelio" no designaba un escrito, sino el anuncio de una buena noticia. Éste era el sentido que tenía en el lenguaje corriente. Entre los judíos esta palabra tenía además un significado religioso. A muchos les recordaba el anuncio del profeta Isaías, que había proclamado como buena noticia la llegada de Dios para reinar sobre su pueblo (Is 52,7).

También para Jesús la buena noticia era la llegada del reinado de Dios. Él hizo de este anuncio el contenido central de su predicación (Mc 1,15) y el motivo de su actuación. Los primeros cristianos comprendieron que con su pascua había comenzado a llegar este reinado de Dios, y por eso la buena noticia que anunciaban era su muerte y resurrección (1 Cor 15,3-5).

Evangelio fue, por tanto, al principio una palabra de la misión cristiana, y sólo a partir del siglo segundo se utilizó para designar a los libros que hoy llamamos evangelios.

De Jesús a los evangelios

El evangelio de Marcos, a pesar de ser el más antiguo, no es una crónica directa de los acontecimientos que narra, pues fue escrito casi cuarenta años después de la muerte de Jesús. En este camino que va desde Jesús hasta los evangelios pueden distinguirse tres etapas:

– *Jesús y sus discípulos:* La relación de Jesús con sus discípulos fue muy estrecha. Ellos lo acompañaron a todas partes, escucharon muchas veces sus enseñanzas, fueron testigos de sus signos, y además Jesús los envió a proclamar el mismo mensaje que Él anunciaba (Mc 6,7-13). Aquellos discípulos son el primer eslabón en la transmisión de los recuerdos sobre Jesús.

– *Las comunidades cristianas:* Después de la resurrección de Jesús, sus discípulos formaron pequeñas comunidades, que anunciaban la buena noticia de su resurrección, recordaban sus enseñanzas y celebraban su memoria (Hch 2,42-47). En estas comunidades se transmitieron cuidadosamente los recuerdos sobre Jesús. Muchos aprendieron de memoria sus palabras y sus signos, y algunos comenzaron a escribirlas para que no se olvidasen.

– *Los evangelistas:* Llegó un momento en que los cristianos sintieron la necesidad de tener por escrito todo lo que se recordaba sobre Jesús. Fue entonces cuando los evangelistas, después de haber investigado cuidadosamente todo (Lc 1,1-4), compusieron sus evangelios. Al hacerlo tuvieron muy presentes los problemas que tenían sus comunidades, y trataron de iluminarlos desde las enseñanzas y las acciones de Jesús.

Evangelios canónicos y evangelios apócrifos

Los cuatro evangelios que tenemos en nuestras Biblias son los que la Iglesia aceptó como regla de fe, y por eso se llaman “canónicos”. Pero en los primeros siglos del cristianismo se escribieron otros libros similares, a los que también se llamó evangelios. Algunos de ellos, como los evangelios de la infancia, *tratan de llenar vacíos* de los evangelios más antiguos; otros pretenden recoger enseñanzas secretas de Jesús. Muchos de ellos han servido de inspiración a los artistas, y de alimento a la piedad cristiana. En general son muy interesantes para conocer las creencias y forma de vida de algunos grupos cristianos de los primeros siglos, pero excepto una colección de dichos de Jesús que se conoce con el nombre de "Evangelio de Tomás", aportan muy poco sobre Jesús y sus enseñanzas.

De todos estos evangelios hemos elegido para nuestra lectura comunitaria el de Marcos, por dos razones. En primer lugar, porque es el evangelio más antiguo, que sirvió de base para la composición de los de Mateo y Lucas. Y en segundo lugar, porque es el evangelio que leemos en la eucaristía de los domingos del ciclo B. Antes de comenzar a leerlo, sería conveniente tener una visión de conjunto, y para ello nada mejor que leer una introducción al mismo. En tu Biblia encontrarás una antes de dicho evangelio.

PARA PREPARAR EL PRÓXIMO ENCUENTRO

Antes de comenzar la lectura continua del evangelio de Marcos, vamos a leer algunos pasajes sueltos del mismo en los que se dan diversas opiniones sobre Jesús. Fijémonos en *qué es lo que dice cada uno de estos personajes sobre Jesús y en cómo lo recibe o valora Jesús.*

Los demonios:	Mc 1,24; 3,11; 5,6-7
La gente:	Mc 6,14-15; 8,27-28; 10,47; 11,10
Herodes:	Mc 6,16
Pedro:	Mc 8,29-30
El centurión:	Mc 15,39
El evangelista:	Mc 1,1
La voz del cielo:	Mc 1,11; 9,7-9
Jesús:	Mc 8,31; 9,30-31; 10,33-34; 14,61-62

Al comienzo de la próxima reunión pondremos en común lo que hemos descubierto. Para facilitar la participación de todos, es conveniente que anotes en un papel lo que dice cada uno de los personajes sobre Jesús y si Jesús acepta o no lo que dicen de Él.

2 ¿QUIÉN ES JESÚS?

LECTURA CONTINUADA

Puesta en común

En esta primera parte de la reunión vamos a hablar de lo que hemos descubierto en nuestro repaso de las opiniones sobre Jesús que aparecen en el evangelio de Marcos. Son bastantes y variadas, y proceden de diversos personajes. Pero no todas estas opiniones expresan de verdad quién es Jesús. La clave para valorarlas está en cómo las recibe el mismo Jesús. Cuando manda callar o prohíbe hablar de Él es que lo que se dice sobre Él (o lo que se quiere decir) no es correcto o no responde a su verdadera identidad. La pregunta que nos guiará en la lectura de estos pasajes es: *¿Qué dice cada uno de estos personajes sobre Jesús y cómo lo recibe o valora Jesús?*

GUÍA DE LECTURA

"Y vosotros, ¿quién decís que soy yo?"

Antes de comenzar buscamos **Mc 8,27-30**

➤ Ambientación

En la puesta en común hemos visto lo que diversos personajes de su tiempo dijeron sobre Jesús. Desde entonces hasta hoy muchos hombres y mujeres, creyentes y no creyentes, han intentado descubrir quién es Jesús. Unos le han visto como un maestro de sabiduría, otros como un visionario, otros como un libertador, muchos como el Hijo de Dios... Al comenzar juntos este camino, en el que deseamos conocerle mejor, también nosotros vamos a intentar aclararnos sobre quién es para nosotros Jesús.

➤ Miramos nuestra vida

Primero vamos a mirar a nuestro alrededor intentando ver qué dice la gente hoy sobre Jesús. Algunos lo dicen de palabra; otros con su vida. Quien va a la iglesia a poner una vela ante una imagen de Jesús sólo cuando está en dificultades, dice así quién es Jesús para él o ella; y lo mismo hace quien deja todo para ponerse al servicio de los demás, imitando el ejemplo de Jesús.

Pensamos un momento y después compartimos con los demás:

– *¿Qué dice la gente hoy sobre Jesús de Nazaret?*

➤ Escuchamos la Palabra de Dios

Los cristianos pertenecientes a la comunidad de Marcos también tenían diversas opiniones acerca de Jesús, que no siempre eran las correctas. El pasaje que vamos a leer, situado justo en el centro del evangelio de Marcos, refleja esta diversidad de opiniones. Su lectura nos estimula a dar nuestra propia respuesta acerca de quién es Jesús para nosotros.

• Con un momento de silencio preparamos nuestro corazón para acoger lo que Dios quiere decirnos hoy a través de su Palabra.

• Un miembro del grupo lee en voz alta Mc 8,27-30.

• Cada uno vuelve a leer el pasaje consultando las notas.

• Tratamos de responder a estas preguntas:

- *¿Qué opinaba la gente de su tiempo sobre Jesús?*
- *Los discípulos tienen otra opinión. ¿A qué puede deberse?*
- *¿Cómo reacciona Jesús ante la respuesta de Pedro?*

➤ **Volvemos sobre nuestra vida**

Jesús sigue haciéndonos a nosotros las mismas preguntas. Después de escuchar lo que otros dicen hoy de Él y lo que dijeron entonces sus discípulos, el Señor nos pregunta a cada uno de nosotros:

Y vosotros, ¿quién decís que soy yo?

Es muy importante que seamos sinceros al responder, pues éste será el punto de partida del camino que vamos a hacer juntos detrás de Jesús. Cuanto más sinceros seamos los unos con los otros, más nos podremos ayudar a descubrir quién es Jesús.

➤ **Oramos**

Estamos comenzando juntos un camino: queremos descubrir quién es Jesús. Vamos a orar para que sea él mismo quien nos conceda lo que necesitamos para este camino: sinceridad para compartir, capacidad de acoger a los demás, deseos de conocerle... Cada uno puede hacerlo con sus propias palabras.

• Un miembro del grupo lee de nuevo Mc 8,27-30.

• Dedicamos unos minutos a la oración personal en silencio.

• Expresamos nuestra oración comunitariamente.

• Terminamos cantando: “Creo en Jesús”.

PARA PROFUNDIZAR

¿Quién es Jesús?

En el evangelio de Marcos se dan diversas respuestas a esta pregunta, pero no todas tienen el mismo valor. A través de las reacciones de Jesús a lo que los diversos personajes dicen sobre Él, el evangelista invita a sus lectores a que revisen sus propias opiniones sobre Jesús, porque seguramente la visión que tienen sobre Él no sea del todo acertada, como no lo era la de sus propios discípulos y la de la gente que le conoció. Marcos nos invita a acercarnos a Jesús con una actitud de búsqueda, y nos va dando pistas para ello.

Mesías e Hijo de Dios

En el primer versículo del evangelio nos dice que Jesús es el Mesías, el Hijo de Dios (Mc 1,1). Es la afirmación inicial, el anunciado del contenido de toda la obra del evangelista. El verdadero sentido de estas dos afirmaciones sólo pueden comprenderlas bien quienes lo acompañen a lo largo de todo el relato. Al terminar la primera parte de su evangelio, Pedro afirma en nombre de los discípulos que Jesús es el Mesías, el Ungido de Dios (Mesías, en hebreo, lo mismo que Cristo en griego, significa "Ungido") enviado para salvar a su pueblo (Mc 8,29). Pero esta afirmación puede ser entendida mal; es necesario seguir a Jesús hasta la cruz para comprender en qué sentido es el Mesías. Allí un centurión pagano reconoce finalmente que Jesús es el Hijo de Dios (Mc 15,39).

Jesús manda callar

Uno de los detalles más llamativos del evangelio de Marcos es que Jesús manda callar con frecuencia a quienes afirman algo sobre Él. Manda callar a los demonios, que lo conocen y saben que es el Santo de Dios (Mc 1,34; 3,12). A los que cura de sus enfermedades, les ordena que no se lo digan a nadie (Mc 1,44; 5,43; 7,36). Incluso a sus discípulos, que son quienes mejor lo conocen, les manda que no hablen a nadie sobre Él (Mc 8,30; 9,8).

Tanto los demonios como los curados y los discípulos dicen cosas positivas sobre Jesús. ¿Por qué, entonces, les manda callar? ¿No será tal vez porque aún no han descubierto la verdadera identidad de Jesús? Es verdad que Jesús es el Santo de Dios y el Mesías, pero no en el sentido triunfalista que ellos, como los demás judíos, dan a estos títulos. Los discípulos no aceptan. Ellos preferían a un Mesías triunfante y milagrero. Jesús se lo recrimina y les pide que le sigan.

Para entender por qué Jesús manda callar es importante caer en la cuenta de que sólo lo hace en la primera parte del evangelio (Mc 1,14-8,30), donde aparece más el lado glorioso y triunfal de su ministerio. Esta primera parte termina con la afirmación de Pedro: "tú eres el Mesías". Sin embargo, Jesús les pide a sus discípulos que no hablen sobre Él (Mc 8,30), porque aún no lo conocen bien.

Jesús instruye a sus discípulos

En la segunda parte del evangelio (Mc 8,31-16,8) Jesús les explica que su camino (el de Jesús y el de ellos) pasa por la cruz. Ésta es la otra cara de la moneda, sin la cual es imposible descubrir quién es Jesús. Sin embargo, a los discípulos les cuesta mucho aceptar que Jesús tenga que morir y que ellos tengan que seguirle por el camino del olvido de sí mismos, del servicio, de la entrega. Por eso Jesús tiene que dedicarse a ellos y explicarles el sentido que tiene su entrega. A pesar de todo, cuando llega el momento decisivo, todos ellos, incluso Pedro, le abandonan.

Hacia el final de esta segunda parte hay dos momentos en los que se revela la verdadera identidad de Jesús. El primero cuando Jesús reconoce ante el Sumo Sacerdote que Él es el Mesías, el Hijo del Bendito (Mc 14,61-62); el otro cuando un centurión pagano, al ver morir a Jesús, afirma: "Verdaderamente este hombre era Hijo de Dios" (Mc 15,39). En ambos casos esta identidad de Jesús aparece relacionada con su muerte. Es aquí donde se manifiesta la verdadera identidad de Jesús, como Hijo obediente a la voluntad de Dios, que nos ha amado hasta entregar a su Hijo por nosotros.

PARA PREPARAR EL PRÓXIMO ENCUENTRO

Para preparar nuestra próxima reunión vamos a leer con mucha atención la primera sección del evangelio de Marcos, es decir Mc 1,14-3,6. En ella veremos cómo Jesús comienza a anunciar la llegada del reino de Dios con gestos y palabras, aunque su mensaje no será acogido por todos del mismo modo. Por eso, trataremos de responder a la siguiente pregunta:

¿Cómo reacciona la gente y los jefes del pueblo judío ante lo que Jesús dice y hace?

NOTAS

3 VENID DETRÁS DE MÍ

LECTURA CONTINUADA

Puesta en común sobre Mc 1,14-3,6

Comenzamos en esta reunión la lectura continuada del evangelio de Marcos. En la primera sección del mismo (Mc 1,14-3,6), Jesús comienza a desarrollar su ministerio en Galilea y se encuentra con reacciones muy diferentes ante sus palabras y acciones. No todos acogen del mismo modo la proclamación del reino de Dios que llega con su persona y su mensaje. Por eso, nos habíamos propuesto contestar a esta pregunta: *¿Cómo reaccionan la gente y los jefes del pueblo judío ante lo que Jesús dice y hace?*

GUÍA DE LECTURA

"Ellos dejaron inmediatamente las redes y lo siguieron"

Antes de comenzar buscamos **Mc 1,14-20**

➤ Ambientación

Iniciamos con este encuentro la lectura continuada del evangelio. Si en nuestra reunión anterior nos enfrentamos a la pregunta fundamental a la que quiere responder Marcos con su obra, hoy comprenderemos que no podremos saber de verdad quién es Jesús si no nos ponemos a seguirlo como discípulos, tal y como lo hicieron Simón (Pedro), Andrés, Santiago y Juan. Por eso dedicaremos nuestra reunión a reflexionar sobre el relato de la vocación de los primeros compañeros del Maestro.

➤ Miramos nuestra vida

A veces pensamos que eso de "tener vocación" es cosa de curas y monjas, como si sólo hubiese una forma de ser discípulo de Jesús. Pero ver las cosas de este modo resulta muy equivocado y hasta peligroso. La verdad es que cualquier cristiano o cristiana ha sido llamado por Jesús. Todos tenemos vocación, aunque no todos la vivamos del mismo modo. Todos hemos recibido la invitación a seguirle, aunque cada uno debe responder a ella de un modo diverso. Reflexionamos sobre esto y respondemos a las siguientes preguntas:

– *¿Te sientes tú también llamado por Jesús? ¿En qué momento de tu vida tomaste conciencia de que el Señor te pedía seguirle como discípulo?*

➤ Escuchamos la Palabra de Dios

Desde el principio de su misión, el Señor quiere verse acompañado de discípulos. La proclamación del reino de Dios necesita colaboradores y lo primero que hace es buscarlos. Ellos serán, junto a Jesús, los grandes protagonistas del evangelio. La estrecha relación que les une al Maestro les proporcionará un lugar privilegiado a la hora de contemplar sus milagros o escuchar sus enseñanzas.

• Vamos a escuchar la Palabra de Dios, convencidos de que el Señor quiere seguir comunicándose con nosotros a través de ella. Nos preparamos con un breve momento de silencio.

• Proclamación de Mc 1,14-20.

• Reflexionamos en silencio: releemos el pasaje y consultamos las notas.

• Entre todos tratamos de responder a estas preguntas:

– *¿Qué hace Jesús en este episodio? ¿Qué ve? ¿Qué dice?*

– *¿En qué consiste la misión que encomienda a sus primeros seguidores?*

– *¿Cómo reaccionan Simón y los demás ante la llamada de Jesús?*

– *¿Qué cambió en sus vidas a partir de ese momento?*

➤ Volvemos sobre nuestra vida

El pasaje del evangelio de Marcos que acabamos de escuchar nos invita a reflejarnos en él y a revisar nuestra manera de seguir a Jesús. La historia de la llamada de Pedro y los demás es también nuestra historia. El camino que ellos anduvieron junto a Jesús ha de ser también nuestro camino. Mirando a los primeros discípulos y observando su respuesta debemos preguntarnos:

– *¿Cómo vivo en este momento de mi vida el seguimiento de Jesús? ¿Qué debería cambiar en mí para seguirle más de cerca?*

– *¿Qué podemos aprender de la respuesta de los primeros discípulos?*

➤ Oramos

Transformamos en oración todo aquello que hemos escuchado y meditado a partir de la lectura y reflexión de este pasaje.

• Para ambientar este momento de encuentro con el Señor podemos colocar unas redes en medio de la sala y unos peces de cartulina recortados sobre ella.

• Volvemos a leer Mc 1,14-20 después de guardar unos momentos de silencio que nos ayuden a crear un clima adecuado.

• Oramos personalmente sobre el pasaje proclamado.

• Oramos comunitariamente: Después de expresar en voz alta nuestra plegaria podemos cantar todos juntos: “Tú has venido a la orilla” u otro canto vocacional.

PARA PROFUNDIZAR

Discípulos y discípulas de Jesús

Todo el evangelio de Marcos puede ser considerado como una especie de "manual para el discipulado cristiano". Eso quiere decir que una de sus preocupaciones principales es la de precisar lo que significa ser un verdadero seguidor de Jesús, algo que se va aclarando paulatinamente, a medida que se avanza en la lectura. Por esta razón los discípulos ocupan un lugar muy destacado a lo largo de sus páginas.

Compañeros de Jesús

Llama la atención observar cómo, ya desde el principio, Jesús parece muy interesado en hacerse acompañar de discípulos. Él llama a sus primeros seguidores para encomendarles una misión, pero antes deben acompañarle (Mc 1,16-20; 2,14). Los que han escuchado su llamada forman a su alrededor un grupo con características propias, que puede distinguirse fácilmente del resto de la gente que le rodea. De entre ellos, destaca con ciertos rasgos distintivos el grupo de los Doce, a quienes Jesús llama "para que estuvieran con Él y para enviarlos a predicar" (Mc 3,13-14).

A medida que sigamos leyendo, veremos que en el evangelio de Marcos Jesús casi nunca está solo. Los discípulos lo acompañan constantemente, excepto cuando los envía a predicar (Mc 6,7-13). Son su verdadera familia (Mc 3,31-35). Comparten con Él toda su vida, son testigos escogidos de sus milagros más extraordinarios y oyentes privilegiados de sus enseñanzas más profundas (Mc 4,10-20).

Seguir a Jesús para vivir como Él

Ser discípulo de Jesús significa, ante todo, responder a su llamada y seguirlo, es decir, vincularse incondicionalmente a su persona, hacerse con Él compañero de camino, identificarse con su estilo de vida y compartir su mismo destino en plena fidelidad y disponibilidad a las exigencias que implica este seguimiento. Sólo de este modo se puede conocer a Jesús, reconocer su verdadera identidad y comprender correctamente lo que significa que Él es el Mesías y el Hijo de Dios.

Ser discípulo de Jesús supone también colaborar en su misma misión. Ser "pescador de hombres" que se afana con otros para congregar a los que están perdidos y dispersos, anunciándoles la cercanía del reino de Dios y curando a los que se encuentran oprimidos. El discípulo de Jesús no puede quedarse todo el tiempo escuchándole, sino que es enviado para dar testimonio de lo que ha visto y oído.

Ser discípulo de Jesús implica también una forma de vivir que se manifiesta, sobre todo, en la fraternidad. Esta fraternidad va generando unas relaciones basadas en el servicio, y en la entrega, renunciando a toda ambición de poder y de dominio sobre los otros.

Un camino que sólo puede hacerse detrás de Jesús

Esta forma de vivir que Jesús pide a sus seguidores exige cambiar actitudes muy profundas y arraigadas: el egoísmo; el mirar por uno mismo, por la propia familia, por los propios intereses...; la necesidad de triunfar y de imponerse sobre los demás... El camino de Jesús pasa por la cruz. Por ello muchas veces los discípulos se muestran reacios a comprender. Lo que Jesús les propone no cuadra con sus expectativas ni con su mentalidad triunfalista y competitiva. A menudo aparecen como ciegos y llenos de resistencias para entender lo que el Maestro quiere enseñarles sobre su destino.

Ante la cruz su fe se tambalea y, escandalizados, abandonan a Jesús y huyen (Mc 14,50). Son incapaces de seguirle en su pasión porque no han tenido el coraje de permanecer con Él en vela durante la larga noche de Getsemaní, precisamente allí donde Jesús ha descubierto lo que Dios le pide (Mc 14,32-42). Poco a poco tendrán que ir comprendiendo que el camino del seguimiento sólo puede hacerse si uno se pone a caminar detrás de Jesús abrazando su proyecto, con sus mismos sentimientos, con sus motivaciones, con su decisión irrenunciable de obedecer a la voluntad del Padre.

Mujeres que saben ser discípulas

La incomprensión y el abandono de los discípulos contrasta de modo llamativo con la actitud de las mujeres. Ellas son las únicas que saben permanecer fieles hasta el final. Mientras los demás se echan atrás a mitad de camino, ellas siguen a Jesús hasta la cruz (Mc 15,40-41). Se diría que son las únicas que se han hecho cargo de las palabras del Maestro (Mc 8,34). No es extraño que Marcos las presente en su relato como modelos de discipulado, encarnando las actitudes que un auténtico seguidor de Jesús debería tener bien asumidas: el servicio (Mc 1,30-31); la fe (Mc 5,24-34); la generosidad (Mc 12,41-44); el amor (Mc 14, 3-9). No en vano serán ellas las primeras testigos de la resurrección (Mc 16,1-8).

También nosotros hemos escuchado la llamada del Señor. Queremos seguirle, pero nos cuesta aceptar sus condiciones. Nos desinflamos ante las dificultades y tenemos tentaciones de abandonar. Por eso leemos el evangelio de Marcos. A través de sus páginas queremos revisar nuestra manera de ser discípulos de Jesús, para que se parezca cada vez más a la que Él espera de nosotros.

PARA PREPARAR EL PRÓXIMO ENCUENTRO

Para preparar la próxima reunión volveremos a leer la primera sección del evangelio de Marcos: Mc 1,14-3,6. Lo haremos tratando de dar un paso más sobre lo que hicimos en nuestro anterior encuentro. Esta vez nos fijaremos en aquello que causa la reacción negativa de los dirigentes judíos ante Jesús. La pregunta que debemos responder es la siguiente:

¿Qué acciones concretas de Jesús provocan la crítica de los escribas y fariseos?

4 NO HE VENIDO A LLAMAR A LOS JUSTOS SINO A LOS PECADORES

LECTURA CONTINUADA

Puesta en común sobre Mc 1,14-3,6

En la puesta en común de nuestra reunión anterior nos centramos en la primera sección del evangelio de Marcos (Mc 1,14-3,6) para tratar de descubrir cómo la gente y las autoridades de los judíos reaccionaban ante lo que Jesús hacía y decía. Lo importante es caer en la cuenta de que Jesús no fue un personaje inofensivo, sino un hombre que vivió en permanente conflicto a causa de las opciones que tomó en su vida. Ese conflicto fue el que lo llevó a la muerte.

Hoy avanzaremos un poco más para tratar de comprender mejor esta misma sección del evangelio. No basta saber que Jesús fue rechazado por los dirigentes políticos y religiosos del pueblo de Israel. Es necesario preguntarse qué había en su vida y en su enseñanza que pudiera resultar tan molesto para ellos. Por eso nos propusimos responder a la siguiente cuestión: *¿Qué acciones concretas de Jesús provocan la crítica de los escribas y fariseos?*

GUÍA DE LECTURA

"Muchos pecadores y publicanos se sentaron a comer con Él"

Antes de comenzar buscamos **Mc 2,13-17**

➤ Ambientación

Ya vimos en nuestra reunión anterior que Jesús fue un hombre conflictivo que mereció el rechazo de los dirigentes de su pueblo. Entre todas las cosas que hizo hay una que fue considerada especialmente intolerable por la gente piadosa y religiosa de su tiempo: compartir la mesa con pecadores y gente de mal vivir. Entre ellos se contaban los publicanos o recaudadores de impuestos, alguno de los cuales formaba parte del grupo de sus discípulos. Tanto es así, que se ha llegado a decir que a Jesús le mataron por su manera de comer, y por lo que ésta significaba.

➤ Miramos nuestra vida

Hay personas a las que, casi de un modo instintivo, marginamos o tachamos de "gentuza". Son los mismos a los que nuestra sociedad ha descartado como inútiles o inservibles. Por nada del mundo nos gustaría que nos vieran, ni a nosotros, ni a los nuestros, en compañía de determinados individuos. Si queremos mantener nuestra buena fama sabemos que debemos alejarnos de cierta clase de gente. De lo contrario, nos exponemos a que nos miren mal o a andar en boca de todo el mundo. A propósito de esto:

– *¿Podrías hacer una lista de personas concretas a las que nuestra sociedad o nosotros rechazamos y marginamos? ¿Qué razones tenemos para actuar así?*

➤ Escuchamos la Palabra de Dios

Jesús aparece en el evangelio comiendo y tratando con gente de mala reputación. A los ojos de quienes le observan, este hecho resulta escandaloso. Su comportamiento será juzgado indigno de un hombre religioso, pero Jesús desvelará las razones profundas que tiene para actuar de un modo tan llamativo.

• Nos preparamos para escuchar la Palabra de Dios con un breve momento de silencio o con una invocación al Espíritu Santo.

• Un miembro del grupo proclama en voz alta Mc 2,13-17.

• Reflexionamos en silencio: leemos de nuevo el pasaje personalmente y consultamos las notas de nuestra Biblia para que nos ayuden a entenderlo mejor.

• Entre todos tratamos de responder a estas preguntas:

– *¿Por qué critican los maestros de la ley a Jesús?*

– *¿Cómo responde Jesús a esa crítica?*

– *¿Qué razones tiene Jesús para comer con los pecadores? ¿Qué quiere expresar con este gesto?*

➤ Volvemos sobre nuestra vida

La lectura del evangelio nos invita a revisar nuestras actitudes y nuestros comportamientos. Descubrimos entonces que la manera en que normalmente valoramos a las personas no es la misma de Jesús. Aunque somos sus seguidores, muchas veces nos sorprendemos a nosotros mismos juzgando a los demás con los criterios que usa nuestra sociedad, sobre todo cuando hablamos de los marginados: "Son todos unos vagos y unos inadaptados", "piden sólo para drogarse", "que trabajen como todo el mundo", "quien mal anda, mal acaba"... Jesús, en cambio, nos invita a acercarnos a ellos de un modo diferente.

– *¿Qué podemos aprender del comportamiento de Jesús con los marginados de su tiempo los que nos llamamos discípulos suyos?*

– *¿Qué te sugieren sus palabras en el v. 17 personalmente y como miembro de una comunidad cristiana?*

➤ Oramos

Expresamos en forma de oración todo aquello que hemos meditado y dialogado a partir de la lectura de este pasaje. De un modo especial, tratamos de hacer presentes en este momento de plegaria a los marginados de nuestro mundo.

• Volvemos a leer Mc 2,13-17 después de hacer un momento de silencio que nos ayude a crear un clima adecuado para la oración.

• Cada uno ora personalmente a partir del pasaje proclamado.

• Expresamos nuestra oración comunitariamente en forma de súplica, de alabanza o de acción de gracias.

• Podemos acabar cantando juntos "Cristo te necesita para amar".

PARA PROFUNDIZAR

Las comidas de Jesús con los pecadores

La costumbre de Jesús de comer con pecadores y gente poco recomendable fue, sin duda, uno de sus gestos más controvertidos y extraños. Tan llamativa debió resultar esta conducta, que de ella se hace eco no sólo el evangelio de Marcos, sino también otros escritos del Nuevo Testamento (Lc 15,1-2; 19,1-11).

Las comidas en la Antigüedad

Lo comprenderemos mejor si pensamos que en la Antigüedad, lo mismo que sucede todavía hoy en muchas culturas, la forma de comer expresaba convicciones muy profundas respecto a la manera de ver el mundo y las relaciones con los demás. Los judíos, en concreto, tenían una abundante y estricta normativa sobre las comidas y los alimentos, y de este modo reflejaban su forma de ser como pueblo. Por ejemplo, por nada del mundo un judío –¡y menos aún un fariseo!– se habría sentado a la mesa con un no judío (pagano) o con un pecador, pues eso hubiera supuesto romper las fronteras que los diferenciaban de quienes no pertenecían al pueblo de la Alianza o habían quedado excluidos de él por su pecado.

Una forma de actuar que llama la atención

Compartiendo la mesa con los pecadores, Jesús se salta toda esa normativa. Con ello se pone a sí mismo en grave peligro de contaminarse, al entrar en contacto con quienes eran considerados impuros, esto es, indignos de acercarse a Dios y apartados de la comunidad a causa de su pecado. Para aquellos que, como los maestros de la ley, tenían muy claro dónde estaban los "buenos" y dónde los "malos", dónde los "justos" y dónde los "pecadores", la actitud de Jesús les desorientaba profundamente, porque mezclar lo puro con lo impuro era un desbarajuste inaceptable que sólo podía traer malas consecuencias. Al actuar así, Jesús ponía patas arriba el orden social y religioso establecido. Y eso era intolerable.

Además, obrando de este modo, Jesús se deshonraba a sí mismo y echaba por tierra su consideración y reconocimiento social. Su comportamiento resulta absolutamente vergonzoso. Por aquello de "dime con quién comes y te diré quién eres", cae en el ridículo más espantoso ante quienes le observan, y su fama queda en entredicho. No puede ser bueno un hombre que se sienta a comer con esa gentuza. No es extraño que sus adversarios llegaran a tacharle de "comilón" y de "borracho", "amigo de pecadores y publicanos" (Lc 7,34).

Una forma de cambiar la sociedad desde dentro

Ante el escándalo de los maestros de la ley, Jesús les responde que Él no puede actuar de otra manera porque es el médico cuya misión es estar con los enfermos. Jesús come con los pecadores porque es una manera de salirles al encuentro, de ofrecerles el perdón capaz de curar las heridas abiertas por el pecado. Sentándose con ellos a la mesa les hace sentirse de nuevo en casa, en familia, les ayuda a establecer relaciones de solidaridad, de fraternidad, de acogida, de igualdad... Sólo así podrán reintegrarse a la comunidad y superar su marginación. Sólo así podrán recuperar la salud perdida.

De este modo quedan patentes las razones profundas de su actuar. Jesús no busca la provocación por la provocación, ni el conflicto por el conflicto. Si actúa de este modo es porque ha tenido una experiencia singular de Dios. El Dios de Jesús no tiene nada que ver con el Dios de los escribas y fariseos, que para proteger su santidad necesita apartar de sí a los "malos". El Dios de Jesús no busca excluir a los pecadores sino, al contrario, incluirlos y sentarlos a la mesa en el banquete de su Reino (Is 25,6-8) para celebrar con ellos la fiesta del perdón y la alegría. En sus comidas con los pecadores, Jesús ya está haciendo presente el reino de Dios.

Siguiendo las huellas de su Maestro, también los primeros cristianos aprendieron a compartir la mesa sin distinción de raza o de condición social, aunque a veces eso les acarrease tensiones y problemas, pues no todos estaban dispuestos a renunciar a los viejos prejuicios y normas del judaísmo. El libro de los Hechos de los Apóstoles (Hch 10,1-11,19) y las cartas de Pablo (1 Cor 11,17-34; Gál 2,11-14) dan testimonio de estas dificultades. El hecho de "comer-con" se convirtió en todo un símbolo de cómo la fe en Jesucristo es incompatible con las fronteras y discriminaciones que separan a los hombres. Por eso, la celebración de la eucaristía llegó a ser la expresión máxima del deseo de comunión y de apertura universal que animaba a los primeros cristianos.

Nosotros, seguidores de Jesús, que cada domingo celebramos la cena del Señor como quienes anticipan ya en el presente el banquete del reino de Dios, deberíamos ensanchar la mesa de nuestra vida para que pudieran sentarse a ella los que no caben en ningún sitio, sabiendo que somos nosotros mismos los necesitados de esta comunión y fraternidad que Jesús se esforzó por crear entre los suyos.

PARA PREPARAR EL PRÓXIMO ENCUENTRO

Para preparar nuestra próxima reunión vamos a leer la segunda sección del evangelio de Marcos: Mc 3,7-6,6a. Aunque ya desde el principio se nos había dicho que Jesús proclamaba la buena noticia del reino de Dios (Mc 1,14), será ahora cuando, por primera vez, podremos escuchar el contenido de su predicación. Por eso, nos fijamos con atención y tratamos de responder a esta pregunta:

¿Cómo habla Jesús del reino de Dios en esta sección?

NOTAS

NOTAS

5 LES HABLABA POR MEDIO DE PARÁBOLAS

LECTURA CONTINUADA

Puesta en común sobre Mc 3,7-6,6a

La segunda sección del evangelio de Marcos (Mc 3,7-6,6a) está ocupada en su mayor parte por un discurso en parábolas (Mc 4,1-34) y por una serie de signos prodigiosos (Mc 4,35-5,43) realizados por Jesús. A través de todos ellos –palabras y acciones– Jesús manifiesta la novedad del reino de Dios que está llegando con Él. Un Reino que crece misteriosamente con una fuerza irresistible y que se manifiesta como liberación de todas aquellas fuerzas negativas que oprimen a los hombres, incluida la propia muerte.

Para preparar esta reunión nos habíamos propuesto fijarnos sobre todo en las palabras de Jesús y por eso debíamos contestar a esta pregunta: *¿Cómo habla Jesús del reino de Dios en esta sección?*

GUÍA DE LECTURA

"¿Con qué compararemos el reino de Dios?"

Antes de comenzar buscamos **Mc 4,26-32**

➤ Ambientación

El evangelio de Marcos nos presenta a un Jesús muy dinámico y activo, que va de un sitio a otro curando enfermedades y expulsando demonios, es decir, luchando contra todo aquello que oprime al ser humano y le impide vivir en plenitud. Con estos gestos hace presente el reino de Dios que ha venido a proclamar. Pero no sólo sus milagros, sino también sus palabras nos ayudan a comprender la novedad de su anuncio. Las parábolas de Jesús que hoy escucharemos están llenas del encanto de lo sencillo, pero son portadoras de un sentido profundo. Por eso nos obligan a reflexionar y a tomar una decisión frente a su persona y su mensaje.

➤ Miramos nuestra vida

En la vida hay cosas pequeñas que tienen mucha importancia, aunque a menudo pasan desapercibidas o son consideradas insignificantes. De hecho, preferimos lo aparatoso, lo productivo, lo que da un resultado inmediato. Nos olvidamos de que muchas realidades que hoy son grandes empezaron de una manera muy sencilla y que a veces nos jugamos el futuro en los detalles menudos del presente. También pasa así con el reino de Dios. Lo imaginamos como algo grandioso, pero no nos damos cuenta de que ya está presente entre nosotros de un modo humilde y escondido. Querríamos verlo crecer a marchas forzadas y por eso nos desanimamos cuando nos parece progresar tan lentamente.

– *¿En qué acontecimientos o realidades de la vida descubres la presencia del reino de Dios entre nosotros?*

– *¿Crees que va creciendo y desarrollándose o más bien piensas lo contrario? ¿Por qué?*

➤ Escuchamos la Palabra

También la gente que escuchaba a Jesús esperaba la llegada del reino de Dios de modo espectacular y llamativo. Lo imaginaban como un despliegue extraordinario del poder salvador de Dios. Las parábolas de Jesús, en cambio, hablan de Él como de algo muy pequeño que va creciendo, eso sí, de un modo imparable hasta alcanzar su plenitud.

• Vamos a hacer un silencio que prepare nuestro corazón para recibir la simiente cargada de vida que es la Palabra de Dios.

• Un miembro del grupo lee reposadamente Mc 4,26-32.

• Cada uno vuelve a leer despacio el pasaje proclamado y después consulta las notas de su Biblia para entender mejor su sentido.

• Después tratamos de responder entre todos a estas preguntas:

- *¿Qué palabra o frase te parece más importante en cada parábola? ¿Por qué?*
- *¿Qué te parece que quiere resaltar Jesús en cada una de ellas?*
- *¿Qué nos enseñan estas parábolas acerca del reino de Dios?*

➤ Volvemos sobre nuestra vida

Las parábolas de Jesús nos invitan a superar el desánimo y a fortalecer la esperanza en un futuro nuevo que Dios ya está haciendo germinar de un modo misterioso, pero eficaz. Merece la pena continuar la misión que el Señor comenzó, aunque la tarea parezca a veces infructuosa. No es inútil seguir sembrando semillas del Reino, porque la abundancia de la cosecha no depende tanto de nuestro esfuerzo, sino de la fuerza imparable con la que Dios las hace crecer. No tiene sentido acobardarse ante la insignificancia de los comienzos ni ante la pequeñez de la semilla, porque en ella se esconde ya la promesa de un árbol enorme en cuyas ramas muchos vendrán a cobijarse.

- *¿Cómo te ayudan estas parábolas de Jesús a seguir tra-*

bajando por el crecimiento del reino de Dios? ¿Cuál crees que debe ser tu papel en esa tarea?

➤ **Oramos**

Es el momento de expresar nuestra respuesta agradecida al Señor por la Palabra que hemos escuchado y meditado.

• Para ambientar este momento de oración podemos colocar en nuestra sala de reunión un plato con semillas y una planta bien frondosa.

• Leemos de nuevo el pasaje de Mc 4,26-32.

• Durante unos minutos oramos en silencio.

• Oramos en común expresando ante los demás nuestras peticiones, nuestra acción de gracias o nuestra alabanza a partir del pasaje que hemos proclamado.

• Podemos acabar cantando juntos: "Sois la semilla" o recitando el Salmo 126 (125): "Cuando el Señor cambió la suerte de Sión".

PARA PROFUNDIZAR

Parábolas de Jesús, parábolas del Reino

Todos tenemos una idea más o menos aproximada de lo que es una parábola y hemos escuchado o leído muchas veces las parábolas de Jesús. Aunque no fue Él su inventor (lee, por ejemplo, 2 Sm 12,1-7), las utilizó abundantemente con una maestría nada común. Por eso vamos a profundizar un poco más en este modo tan suyo de expresarse, mediante el cual hablaba de aquello que constituía su sueño y su proyecto: la buena noticia del reino de Dios.

¿Qué es una parábola?

En sentido estricto, la parábolas son relatos breves, claros y creíbles. En sentido amplio también reciben este nombre proverbios, refranes, comparaciones y acertijos que se utilizan con el fin de comunicar alguna enseñanza.

Las parábolas usan un lenguaje figurado y tienen siempre un carácter metafórico. Eso significa que sirven para comparar dos realidades entre las cuales existe algún tipo de semejanza: la que encontramos en la narración y aquella otra a la que en realidad se refiere el relato. Aparentemente tratan de historias tomadas de la naturaleza o de la vida cotidiana: pastores que pierden ovejas, mujeres que barren su casa, agricultores que siembran sus campos... En realidad dirigen nuestra mirada hacia otro sitio. Hablan del reino de Dios y nos invitan a imaginar cómo serían las cosas si Dios fuera el rey y todo se hiciera según su voluntad.

En consecuencia las parábolas necesitan siempre una interpretación, porque esconden un sentido que no aparece a primera vista y que es preciso encontrar. Si nos quedamos en la "historieta" nos perdemos lo más importante. Están pensadas para hacer reflexionar y provocar en quienes las escuchan una decisión a favor o en contra del Reino que anuncian.

¿Con qué compararemos las parábolas?

Jesús nunca define con exactitud lo que es el reino de Dios. Prefiere explicarlo con parábolas (Mc 4,30.34). Y es que para hablar del misterio de Dios y de su actuación en medio de la historia humana no valen los conceptos cerrados o demasiado precisos. Es mejor utilizar un lenguaje simbólico y abierto, capaz de mover a la vez el corazón y la cabeza, la inteligencia y los sentimientos. Ese mismo lenguaje es el apropiado para referirnos a las parábolas:

– Las parábolas son como *una trampa*. Se presentan como relatos sencillos e inofensivos que nos invitan a escucharlas confiadamente. Pero su misión es hacernos caer en cuanto nos descuidamos. Las parábolas nos atrapan y no nos dejan escapar. Nos obligan a reaccionar. Una vez que hemos entrado en ellas ya no podemos salir sin haber tomado partido.

– Las parábolas son como *un espejo*. Al principio se abren ante nuestros ojos como *una ventana* que nos invita a contemplar una historia casi siempre interesante o entretenida, pero con la que no tenemos nada que ver. Luego esa ventana se cierra y se convierte en un espejo que nos devuelve nuestra propia imagen y nos hace caer en la cuenta de que las parábolas se dirigen a nosotros.

– Las parábolas son como *una pregunta* que espera contestación. De hecho, muchas parábolas de Jesús comienzan por una interrogación (Lc 15,4) porque nos interpelan y esperan nuestra respuesta. Todas las parábolas son relatos incompletos necesitados de que, quien las escucha, escriba con su vida el último renglón. No están acabadas hasta que no provocan nuestra conversión.

– Las parábolas son como *una balanza* en la cual sopesamos nuestra vida y nuestra manera de ver las cosas y a Dios mismo. Gracias a ellas podemos comprobar que nuestros criterios y nuestros valores no tienen nada que ver con los suyos. Nadie puede decir que ha entendido una parábola hasta que no transforma su corazón y le hace ver las cosas como Dios mismo las ve.

¿Cómo "funciona" una parábola?

La parábola es como una maquinaria compleja que quiere producir en quien la escucha un efecto determinado. Para ello debe poner en marcha ciertos resortes. La parábola "funciona" porque combina dos mecanismos aparentemente contrapuestos: el *realismo* con el *desconcierto*; lo ordinario y lo extraordinario.

Las parábolas cuentan historias sacadas de la vida cotidiana, historias que podían resultar completamente familiares para la gente que las escuchaba de boca de Jesús. De ello se deduce que han sido pensadas, al menos en principio, para ayudar a comprender, para hacer asequible el mensaje que con ellas se quiere transmitir (Mc 4,33).

Pero en las parábolas siempre hay algo que no coincide con el sentido común, con la lógica humana, con lo previsible y razonable. Cuando menos lo esperamos surge en ellas un rasgo, un gesto o una acción que sorprende y llama la atención. Por ejemplo, no es normal que un pastor mínimamente sensato abandone 99 ovejas en el desierto para ir a buscar una sola que se perdió, ni que un sembrador desperdicie su semilla echándola entre piedras y cardos.

Son precisamente estos datos chocantes e inesperados los que nos invitan a la reflexión. Es en estas extrañezas donde se encuentra lo novedoso de la parábola. Son como señales de alerta que nos advierten sobre su sentido auténtico. Son el lugar adecuado para buscar la clave de su mensaje. Ante estas paradojas no tenemos más remedio que preguntarnos: ¿Qué sentido tiene esta historia? Y descubrimos entonces que sus protagonistas no actúan como nosotros, que nos hablan de "otra cosa".

Por eso, el que es incapaz de abrirse a la lógica de Dios, no entenderá jamás las parábolas. Si las parábolas no transforman nuestro corazón, se convertirán para nosotros en relatos oscuros, enigmáticos e indescifrables. Nos veremos así alineados con "los de fuera", es decir, con aquellos que, encerrados en su propia lógica, no sintonizan con la buena noticia del Reino (Mc 4,10-12).

En definitiva, para entender las parábolas es necesario entender a Jesús y comulgar con las razones profundas que mueven su vida. La verdadera explicación de las parábolas es Jesús mismo. Él es el pastor que busca la oveja perdida y el sembrador que siembra con generosidad. Jesús es la verdadera y gran parábola de Dios. En el relato de su vida se nos revela el corazón del Padre.

PARA PREPARAR EL PRÓXIMO ENCUENTRO

Para nuestro próximo encuentro vamos a volver a leer los mismos capítulos (Mc 3,7-6,6a) que leímos para preparar la sesión anterior. En la lectura que hicimos tratamos de descubrir cómo Jesús intentaba revelar su propia identidad a través de sus palabras y sus obras, vimos cómo todo concluyó en un fracaso. Esta vez nos fijaremos en las actitudes de los parientes y vecinos ante las palabras y los milagros de Jesús.

Al leer estos capítulos intenta responder la siguiente pregunta:

¿Cómo reaccionan los familiares y paisanos de Jesús ante su actuación?

NOTAS

6 NO TODOS ACEPTARON A JESÚS

LECTURA CONTINUADA

Puesta en común sobre Mc 3,7-6,6a

En el último encuentro nos fijamos en lo que Jesús decía sobre el reino de Dios y vimos cómo se manifestaba en sus obras. Enseñaba en parábolas y hacía signos que mostraban la soberanía de Dios que ha irrumpido en la historia. Tal vez nos llamó la atención la reacción de sus parientes y vecinos.

Hoy vamos a compartir lo que hemos descubierto en torno a este aspecto. La pregunta a la que debíamos contestar después de leer estos capítulos era: *¿Cómo reaccionan los familiares y paisanos de Jesús ante su actuación?*

GUÍA DE LECTURA

"¿No es éste el carpintero, el hijo de María...?"

Antes de comenzar buscamos **Mc 6,1-6a**

➤ Ambientación

En la reunión anterior nos centramos en las parábolas con las que Jesús anuncia y explica la llegada del Reinado de Dios. Hoy vamos a dedicar nuestro encuentro a otro aspecto del que se habla menos, pero que es fundamental para entender la novedad que trae Jesús: las reacciones que tienen hacia Él sus paisanos y familiares.

➤ Miramos nuestra vida

Vamos a encarar con toda sinceridad nuestra propia experiencia en este terreno. Si alguien muy cercano a nosotros dice que toma un camino que nos parece extraño, aunque no sea malo, o incluso sea muy bueno (p.e.: un hijo, un hermano, una gran amiga nos plantea que quiere dejarlo todo para irse a trabajar a un país del Tercer Mundo):

– *¿Cómo reaccionamos?, ¿intentamos comprenderle?, ¿le despreciamos?, ¿le ayudamos?*

➤ Escuchamos la Palabra de Dios

Vamos a leer con atención este pasaje, que nos expresa una vez más la novedad del reino de Dios. La actuación de Jesús provoca el rechazo de la gente de su pueblo. Al escuchar este pasaje resuenan en nuestros oídos las palabras del evangelista Juan: "vino a los suyos, pero los suyos no le recibieron" (Jn 1,11).

• Comenzamos haciendo unos instantes de silencio y nos preparamos para acoger la Palabra de Dios.

• Proclamación de Mc 6,1-6a.

• Cada uno vuelve a leer con atención este pasaje y consulta las notas que le acompañan.

• Finalmente, todos juntos tratamos de responder a las siguientes cuestiones:

– *¿Por qué se hace la gente esas preguntas acerca de Jesús? ¿Cómo reacciona ante sus palabras y sus gestos?*

– *¿Qué significa la respuesta de Jesús?*

– *¿Qué relación encontramos en este pasaje entre la fe y los milagros?*

➤ Volvemos sobre nuestra vida

Hemos visto que las enseñanzas de Jesús, incluso sus curaciones, despiertan recelos y sospechas entre los que más le conocían: sus paisanos y su misma familia. La novedad que trae Jesús, la novedad del reino de Dios, también a nosotros nos parece a veces extraña y difícil.

– *¿Cómo reaccionamos ante sus propuestas?*

– *¿Qué excusas nos buscamos para no creer en Él?*

➤ Oramos

Ponemos en el centro de la mesa unas cartulinas en las que escribimos palabras que nos recuerden gestos que se dan en nuestro mundo, que están dentro de la dinámica del Reino y que muchos no entienden.

– Tras un momento de silencio volvemos a leer Mc 6,1-6a.

– Cada participante elige una de las cartulinas, la toma con sus manos a la vez que expresa su oración en forma de súplica, de alabanza o de acción de gracias. Los miembros del grupo que lo deseen podrán expresar su compromiso personal, su deseo de aceptar en la vida el rechazo que puede darse por vivir el seguimiento de Jesús.

– Terminamos cantando: "Con vosotros está y no le conocéis...".

PARA PROFUNDIZAR

El rechazo de Jesús

En muchos lugares del evangelio aparecen episodios en los que Jesús es rechazado por su pueblo, sobre todo por las autoridades religiosas y políticas. El modo de actuar de Jesús, que consideraba al hombre más importante que el sábado, y que se sentaba a comer con publicanos y pecadores, les resultó tan escandaloso que les parecía imposible que Él fuera el Mesías enviado por Dios.

Un rechazo hasta la muerte

En el evangelio de Marcos aparece repetidamente este rechazo de Jesús. Si te fijas bien, observarás cómo, al final de cada una de las tres primeras secciones del mismo, los fariseos y los herodianos toman la decisión de acabar con Él (Mc 3,6); sus paisanos no creen en Él (Mc 6,6a); y sus discípulos no comprenden sus signos (Mc 8,14-21).

Desde el comienzo del libro Marcos recoge agrupadas cinco controversias (Mc 2,1-3,6) que Jesús tiene con las autoridades judías. En estos conflictos la oposición se hace cada vez mayor acabando con la decisión de matar a Jesús. Pero lo más llamativo es que su familia tampoco le apoya. A medida que avanzamos en la narración de Marcos vemos que sus adversarios, que en un primer momento fueron los fariseos, los saduceos y los herodianos, pasan a ser sus vecinos y parientes (Mc 20-21; 3,31-35; 6,1-6a). El círculo se va cerrando.

Jesús mismo, en la segunda parte del evangelio, anuncia por tres veces que este rechazo le llevará a la muerte (Mc 8,31; 9,30-32 y 10,32-34). En los últimos capítulos del evangelio (Mc 14-15) se cuenta con todo detalle el drama de este rechazo: los jefes de los sacerdotes planean su arresto y su muerte (Mc 14,1-2), y lo llevan a cabo con la ayuda de Judas, uno de los discípulos de Jesús. Más tarde los demás discípulos lo abandonan y Jesús muere solo en la cruz.

Fue rechazado porque resultaba incómodo

El rechazo de Jesús y su muerte fueron consecuencia del mensaje que predicaba y de su forma de actuar, que a muchos les resultaba incómoda. Jesús removió, desde los mismos cimientos, todos los pilares sobre los que se asienta la estabilidad –más aparente que real– del ser humano en lo religioso, social, familiar, político y económico.

– En lo religioso cambió profundamente la imagen que se tenía de Dios y de las cosas de Dios. Además esta forma de actuar es más escandalosa, porque Él decía que actuaba en nombre de Dios.

– En lo social no respetaba las normas, que separaban a los seres humanos por diversos motivos. Buscaba salvar a la persona y crear una gran fraternidad entre todos los hombres y las mujeres, enfrentándose a costumbres que tenían valor de ley.

– En lo familiar alteró el orden establecido, proclamando (lo hemos visto en esta sección) que la verdadera familia no es la de la sangre, sino la de los que cumplen la voluntad de Dios.

– En lo político no se dejó manipular por los grupos violentos, que soñaban con un Mesías guerrero. Tampoco se puso del lado de los gobernantes que oprimían al pueblo. Él era fiel a un único gobernante: Dios. Ni los unos ni los otros se lo perdonarán.

– En lo económico proclamó los peligros de las riquezas, que fácilmente se instalan en el trono del corazón humano, expulsando al Señor, que debe ser su legítimo ocupante.

Probablemente son estos dos últimos campos: poder y dinero, los que más dominan la mente y el corazón humanos. Al atacarlos Jesús en su misma raíz firmó su sentencia de muerte.

Sus discípulos también serán rechazados

Los primeros cristianos resultan incómodos tanto para los judíos como para los romanos. La fidelidad a la doctrina de Jesús comportaba el riesgo continuo de verse despreciado, maltratado e incluso perseguido. En esta situación de persecución y de crisis se hacía necesario afianzar la fe. Para mantener viva la esperanza de estos primeros creyentes, Marcos pone en boca de Jesús las siguientes palabras: "Os entregarán a los tribunales, seréis azotados en las sinagogas..." (Mc 13,9-13). El rechazo de Jesús se hace muy significativo para la comunidad de Marcos. Sus seguidores viven intensamente el hecho de que Jesús haya sido rechazado por su pueblo. El Maestro también ha sido perseguido hasta la muerte; esta faceta de la vida de Jesús es para los primeros cristianos una llamada a la fidelidad y al coraje ante la dificultad.

¿Podemos decir que somos seguidores de Jesús si no resultamos incómodos, si nuestra vida no cuestiona, si no vivimos de alguna manera el rechazo que tuvieron las primeras comunidades cristianas? Vivir desde la dinámica del Reino nos puede llevar a distanciarnos de los valores imperantes en el mundo, a cambiar los esquemas en los que nos hemos acomodado y con los que tranquilizamos nuestra conciencia; puede llevarnos a aceptar la incomprensión por vivir el seguimiento de Jesús.

PARA PREPARAR EL PRÓXIMO ENCUENTRO

Para preparar nuestro próximo encuentro vamos a leer la tercera sección del evangelio de Marcos: Mc 6,6b-8,30. Al leer estos capítulos fíjate *en la relación que Jesús establece con sus discípulos y cómo les explica lo que dice y hace.*

NOTAS

7 JESÚS ES EL PAN QUE ALIMENTA A TODOS

LECTURA CONTINUADA

Puesta en común sobre Mc 6,6b-8,30

Jesús, por medio de palabras y de signos prodigiosos, ha comunicado la irrupción del Reino. Pero se ha encontrado con la falta de entendimiento de sus discípulos y la oposición de maestros de la ley, fariseos e incluso de su propia familia. Ahora su actividad no se reduce a su pueblo, sino que se abre a toda Galilea. En esta nueva etapa destaca la "sección de los panes", llamada así porque el pan está presente en muchos de sus relatos. Es importante destacar también la relación, cada vez más estrecha, que se establece entre Jesús y sus discípulos. Éste era el tema de la pregunta que nos hicimos mientras leíamos la sección de Mc 6,6b-8,30.

Vamos a compartir con los demás miembros del grupo las reflexiones que esta lectura ha suscitado en nosotros, procurando citar los versículos concretos que confirman lo que hemos descubierto. Recordemos que la pregunta era: *¿Qué relación establece Jesús con sus discípulos y cómo les explica lo que dice y hace?*

GUÍA DE LECTURA

"Dadles vosotros de comer"

Antes de comenzar preparamos **Mc 6,34-44**

➤ Ambientación

Marcos nos ha hecho comprender que sólo el discípulo puede conocer a Jesús. Como seguidores suyos hemos escuchado sus parábolas y sus palabras sobre el Reino. Pero Jesús también hizo signos. Dentro de esos signos tienen una especial importancia las comidas, por ejemplo con pecadores (Mc 2,13-17) o con mucha gente, como la que vamos a ver hoy. Esta comida es símbolo de fraternidad y en ella se realiza el milagro de la solidaridad: compartiendo lo que cada uno tiene, todos pueden saciarse.

➤ Miramos nuestra vida

A veces pensamos que España no es un país donde se pasa hambre, pero lo cierto es que entre nosotros hay gente sin trabajo y que soporta dificultades para que el dinero le alcance hasta fin de mes. Vamos a comenzar compartiendo las situaciones que se dan alrededor nuestro:

– *¿Conoces alguna persona o familia de tu barrio que tenga dificultades económicas? ¿A qué se debe esta situación?*

➤ Escuchamos la Palabra de Dios

Jesús ve que la gente tiene hambre. Hambre de la Palabra de Dios y hambre de pan. Él puede remediar esta situación. Compadeciéndose de ellos los reúne, les anuncia la buena noticia y les da de comer.

• Antes de escuchar la Palabra de Dios hacemos unos momentos de silencio para preparar nuestro interior.

• Proclamación de Mc 6,34-44.

• Minutos de silencio durante los cuales se lee de nuevo el pasaje. Las notas pueden servir de ayuda para comprenderlo mejor.

• Tratamos de responder juntos a estas preguntas:

– *Al comienzo del pasaje la gente tiene hambre. Al final está saciada. ¿Qué ha ocurrido entre ambas escenas?*

– *Lee Ez 34,11-12. ¿Qué relación encuentras entre este pasaje del AT y Mc 6,34: "eran como ovejas sin pastor"?*

– *Lee Éx 16,11-15. A la luz del relato de la multiplicación de los panes, ¿qué relación hay entre el pan de Jesús y el maná?*

– *¿Cuál es el papel de los discípulos en este pasaje?*

– *¿Qué relación encuentras entre este pasaje y la eucaristía?*

➤ Volvemos sobre nuestra vida

El milagro de la multiplicación de los panes queda pobre si lo consideramos algo del pasado, sin relación con nuestra situación presente. La gente, a nuestro alrededor, sigue teniendo hambre y Jesús, como a los apóstoles, nos pide que seamos intermediarios y les demos de comer.

Después de unos momentos de reflexión en silencio, y partiendo de la propia experiencia y de la Palabra escuchada, tratamos de responder a esta pregunta:

– *¿Qué podríamos hacer nosotros para lograr el milagro de que todos tengan lo necesario para vivir?*

➤ Oramos

Expresamos en forma de oración todo aquello que hemos meditado y dialogado a partir de la lectura de este pasaje.

• Volvemos a leer Mc 6,34-44.

• Oración personal. Es el momento de expresar aquello que el pasaje y el comentario sobre la vida me hace decirle a Dios.

• Oración en común.

• Terminamos rezando juntos el Salmo 23 (22): "El Señor es mi pastor".

PARA PROFUNDIZAR

Los milagros de Jesús

Mucha gente busca milagros: hechos magníficos y maravillosos que rompen las leyes de la naturaleza. Y confunden milagros con magia. Otros, buscando también milagros, acuden a horóscopos, echadores de cartas, médiums.

Pero los milagros de los evangelios no tienen que ver con todo esto. Son signos, señales que hace Jesús para decirnos que el reino de Dios está llegando y que, por tanto, el dominio del mal empieza a ser vencido y lo será para siempre.

Hay distintos tipos de signos. Los exorcismos (Mc 1,23-27; 5,1-20...) muestran que Jesús es el poseedor del Espíritu, alguien más fuerte que Satanás, y ante Él ningún mal será definitivo. Las curaciones (Mc 1,29-31; 2,1-12...) explican que el poder del Reino ha llegado con Jesús, y este poder sanará a toda la persona. Por eso muchas curaciones físicas van unidas al perdón de los pecados. Los llamados "milagros sobre la naturaleza" (Mc 4,35-41) revelan a Jesús como Señor de lo creado. Todos los signos, por tanto, manifiestan que el Reino está presente, que se hace realidad en Jesús, el Mesías y que camina hacia su plenitud final.

Son signos del Reino

Hasta hace muy poco, los milagros de Jesús se han entendido como pruebas de su divinidad. Pero los milagros son mucho más que eso, son signos del Reino: el reino de Dios ya se ha hecho presente en Jesús, y por eso tiene poder para hacer callar al viento y al lago (Mc 5,35-41), para liberar a los hombres sometidos al mal (Mc 5,1-20), para curar cualquier enfermedad (Mc 5,21-34). Y todos esos signos los realiza para decirnos que hay una semilla de vida sembrada en el mundo, y que esta vida, el reino de Dios definitivo, es para todos.

El mismo Jesús interpreta así los milagros cuando los señala como una victoria sobre Satanás y una proclamación de la presencia del reinado de Dios (Lc 11,20).

Para entender y realizar los milagros, Jesús pide fe: "Hija, tu fe te ha salvado" (Mc 5,34). Pero los milagros, aunque pueden despertar la fe, no son pruebas que lleven a creer. De hecho, la reacción de algunos curados o del pueblo ante el hecho milagroso es diferente a la de los fariseos: éstos responden con incredulidad (Mc 3,22-27); el pueblo, dando gloria a Dios (Mc 7,37). Así pues, los milagros sólo se pueden interpretar desde la fe: son un signo de que el reino de Dios se hace presente entre nosotros.

Signos para proclamar la buena noticia

Los milagros evangélicos tuvieron mucha importancia para los primeros cristianos: les hacían recordar que Jesús hizo presente el Reino a través de ellos. En las comunidades cristianas estos milagros se recordaban en la predicación y en la catequesis.

Así, Marcos se encontró en su comunidad relatos de milagros de Jesús y quiso incorporarlos a su evangelio. Pero pensó que podrían dar lugar a malentendidos. Si no se interpretaban correctamente, podrían mostrar el rostro de un Mesías triunfalista y victorioso que alcanza la gloria sin pasar por la cruz. Jesús es el Mesías, el ungido de Dios (eso quiere decir "Mesías"), el elegido que pasa por el abajamiento y la muerte. Para que esta idea se entienda correctamente, Marcos utiliza una técnica literaria que consiste en que Jesús manda guardar silencio a los curados hasta que muera y resucite. De este modo su signo podrá ser entendido correctamente como señal del Reino, un Reino que es irrupción de poder pero en la debilidad.

Los milagros hoy

Jesús envía a sus discípulos con su misma misión. Les dice: "predicad el Reino, curad" (Mc 6,12-13). Y este envío no era solamente para ellos, sino también para nosotros. A todos nos ha encargado Jesús la tarea de hacer presente el reino de Dios con nuestra palabra y nuestras obras. Ellos nos animan a no desfallecer ante las dificultades, pues muestran el poder del Dios que ha vencido al mal; nos invitan a luchar contra el dolor, la injusticia, la muerte, sabiendo que es nuestro el triunfo final. Es posible que nosotros no podamos hacer los milagros que Jesús hacía, pero sí podemos hacer otros muy parecidos. Tal vez no podamos multiplicar los panes, pero sí podemos, compartiendo, hacer el milagro de que nadie pase hambre; quizá no podamos curar ciegos, pero sí curarnos de las cegueras más frecuentes que nos impiden ver las necesidades de nuestros hermanos. Los milagros de hoy son los signos sencillos de vida, de servicio, de alegría que hacen presente el reino de Dios entre nosotros.

PARA PREPARAR EL PRÓXIMO ENCUENTRO

Para preparar el próximo encuentro vamos a volver a leer la tercera sección del evangelio de Marcos: Mc 6,6b-8,30.
Al leer estos capítulos fíjate en *qué acciones y palabras de Jesús les cuesta comprender a los discípulos.*

NOTAS

8 UNA MESA ABIERTA AL MUNDO

LECTURA CONTINUADA

Puesta en común sobre Mc 6,6b-8,30

Vemos en esta sección que Jesús se muestra más cercano a sus discípulos, pero éstos continúan sin entender. No acaban de comprender, a partir de los gestos y las palabras de Jesús, cuál es la verdadera identidad del Maestro. En Mc 7,18 Jesús dice a los discípulos: "¿De modo que tampoco vosotros entendéis?". Esta frase nos recordará la pregunta que nos hacíamos al releer la tercera sección del evangelio (Mc 6,6b-8,30): *¿qué acciones y palabras de Jesús les cuesta comprender a los discípulos?* Comenzamos nuestra reunión dialogando sobre lo que hemos descubierto.

GUÍA DE LECTURA

"También los perrillos comen las migajas de los hijos"

Antes de comenzar preparamos **Mc 7,24-30**

➤ Ambientación

En nuestra reunión anterior nos acercamos a un signo de Jesús: la multiplicación de los panes, y comprendimos que en el compartir se hace presente el Reino. Hoy vamos a leer otro pasaje de esta misma sección, en el que aparece que ese Reino que anunció Jesús es para todos los hombres, sin distinción alguna.

➤ Miramos nuestra vida

Frecuentemente somos poco tolerantes. Es difícil aceptar a los que en religión o en política piensan de modo distinto a nosotros, o a los que se portan de forma diferente, como por ejemplo, a los emigrantes que vienen a vivir entre nosotros.

Hoy vamos a comenzar compartiendo las dificultades que tenemos para acoger a los que tienen una forma distinta de ver la vida.

– ¿Por qué nos cuesta tanto aceptar a los que son diferentes a nosotros?

➤ Escuchamos la Palabra de Dios

Nuestra dificultad para aceptar a los que son distintos puede verse iluminada por la Palabra de Dios. Jesús se encuentra con una mujer sirofenicia que le pide por su hija. Jesús no mira su condición de extranjera, de mujer, de pagana, aspectos que en esa época eran suficientes para condenar a la marginación. Jesús mira con otros ojos, alaba lo que descubre en el corazón de aquella mujer y atiende su petición.

• Vamos a preparar nuestro interior con unos momentos de silencio para acoger la Palabra de Dios.

• Un miembro del grupo proclama Mc 7,24-30.

• Personalmente volvemos a releerlo y tratamos de comprender lo que dice ayudándonos de las notas.

• Respondemos juntos a estas preguntas:

- *La mujer que se acerca a Jesús, ¿era israelita? ¿Por qué se le acerca? Al final, ¿consigue lo que buscaba?*
- *¿Cómo trata Jesús a aquella mujer? ¿Notas algún cambio en su actitud hacia ella?*
- *¿Qué le lleva a aceptar finalmente su petición?*

➤ Volvemos sobre nuestra vida

Puede que a nosotros nos ocurra lo mismo que a los judíos y a las primeras comunidades cristianas: nos cuesta aceptar a todos, nos cuesta compartir el pan de nuestra acogida, de nuestra amistad, también de lo material, con personas diferentes a nosotros.

– *La actitud tolerante de Jesús, ¿te enseña algo para tu vida?*

– *¿Qué te sugiere la confianza que tenía aquella mujer en Jesús?*

➤ Oramos

Abrimos nuestro corazón a Aquel que mira más allá de las apariencias, y le presentamos nuestras reflexiones, deseos y necesidades.

• Volvemos a leer el pasaje de Mc 7,24-30.

• Hacemos unos minutos de silencio.

• Podemos rezar con el canto "Cristo te necesita para amar" así:

- Cantamos juntos el estribillo.
- Recitamos una frase del canto u otra que nos sugiera lo reflexionado en el grupo: "No te importe la raza ni el color de la piel...", o "No te importe si es extranjero o paisano..."
- Cada dos intervenciones, repetimos el estribillo.

PARA PROFUNDIZAR

El evangelio es para todos

Marcos con la llamada "sección de los panes" pretende indicar que no sólo Israel participará en el banquete del final de los tiempos, sino que también los demás pueblos han sido invitados a esta gran comida. Por tanto los paganos, aquellos que religiosamente pensaban de otra forma, todos los que no pertenecían al pueblo de Israel ni observaban la ley, tendrían un lugar en el banquete de bodas del Reino.

Las puertas se abren a los gentiles

La apertura definitiva a los paganos se produjo motivada por dos elementos. Uno de ellos fue el rechazo de Israel al mensaje de Jesús, que Marcos presenta en la maldición de la higuera estéril (Mc 11,12-14): la higuera simboliza en la tradición del AT al pueblo de Israel que debe dar fruto de buenas obras pero que, bajo su vistoso ramaje, sólo oculta esterilidad. El otro elemento que desencadenó la apertura definitiva a los paganos fue la entrada de muchos cristianos no judíos en las primeras comunidades, gracias a la misión cristiana.

Esta apertura no fue fácil. Uno de los problemas más difíciles que se plantearon fue el de las comidas. Porque las leyes de pureza entre los judíos establecían la división de alimentos (y de personas) en puros e impuros. ¿Cómo sentarse a comer con un no judío si esto causa impureza? y ¿cómo comer siendo fiel a las normas de pureza, que un pagano no tiene el deber de cumplir (lee Lv 11)? Lo que está en juego es conservar la "pureza" de Israel, en último término, la fidelidad a la Alianza.

Esta problemática aparece en los Hechos de los Apóstoles y en las cartas de Pablo. En Hch 10,1-11,19, por ejemplo, se cuenta cómo Pedro entró en casa de Cornelio para anunciarle a él y a su familia el Evangelio, y cómo después la comunidad le pidió cuentas de haber entrado en casa de un pagano y haber comido con él. Este mismo problema es el que se planteó en la Asamblea de Jerusalén (Hch 15,1-28). En la carta a los Gálatas (Gál 2,11-16) se cuenta también cómo este tema provocó un enfrentamiento entre Pedro y Pablo.

Poco a poco esta cuestión se fue solucionando con la ayuda del Espíritu Santo y con el recuerdo de un Jesús que aceptaba a los paganos (Mc 7,24-30), que comía con ellos (Mc 8,1-10), que era confesado por ellos como Hijo de Dios (Mc 15,39) y que, resucitado, confía a sus discípulos la misión de predicar la buena noticia "hasta los confines de la tierra" (Mc 16,15; Hch 1,8).

Acoger a todos sin distinción

Aquel problema que vivieron los primeros cristianos sigue vigente también hoy, de otra forma. La división entre judíos y paganos no tiene para nosotros ningún sentido. Pero existen otras divisiones y existen también personas a las que nos cuesta acoger: extranjeros que buscan trabajo; adictos a la droga o al alcohol que nos crean problemas; gente que no piensa como nosotros. Y sigue siendo válido también hoy lo que Jesús y los primeros cristianos hicieron entonces: acoger a todos. La razón de esta aceptación y acogida nos la ha dado Jesús: Dios ama sin distinción de personas, a su Reino estamos invitados todos. Por eso, nuestras comunidades deberían ser lugares abiertos que ofrezcan el amor y el abrazo de Dios, especialmente a todos los que se encuentren marginados o rechazados. Si no, no serán verdaderas comunidades cristianas.

PARA PREPARAR EL PRÓXIMO ENCUENTRO

Tras la confesión de Pedro (Mc 8,27-30) se abre la segunda parte del evangelio. Consta de tres secciones menores en continua progresión: revelación del camino doloroso del Mesías (Mc 8,31-10,52); revelación de Jesús como juez y señor del templo (Mc 11,1-13,37); revelación de Jesús como Hijo de Dios (Mc 14,1-16,8).
Para preparar el próximo encuentro vamos a leer la primera de estas tres secciones del evangelio de Marcos (Mc 8,31-10,52). Mientras leemos vamos a tener presente esta pregunta:

¿Qué les pide Jesús a los que quieren seguirle?

NOTAS

9 EL CAMINO DE JESÚS ES TAMBIÉN EL CAMINO DEL DISCÍPULO

LECTURA CONTINUADA

Puesta en común sobre Mc 8,31-10,52

Vamos a comenzar nuestra reunión conversando sobre lo que hemos descubierto en la lectura de los pasajes que hemos seleccionado para nuestro encuentro: la cuarta sección del evangelio (Mc 8,31-10,52). Esta sección gira sobre el "camino" de Jesús hacia Jerusalén. Se trata de un camino doloroso en el que resuenan tres veces los anuncios de la pasión y la resurrección. A cada anuncio sigue una instrucción destinada especialmente a los discípulos. A ella se sumarán diversos acontecimientos o enseñanzas a modo de complemento catequético. Toda la sección puede leerse como una instrucción dirigida a los discípulos para explicarles lo que implica seguir a Jesús en su camino hacia la cruz, a los discípulos de entonces y también a los de ahora.

En esta sección se dice que Jesús "estaba dedicado a instruir a sus discípulos" (Mc 9,30). Por eso, la pregunta que nos hicimos era: *¿qué les pide Jesús a los que quieren seguirle?*

GUÍA DE LECTURA

"Si alguno quiere venir detrás de mí..."

Antes de comenzar buscamos **Mc 8,31-38**

➤ Ambientación

En las reuniones anteriores hemos escuchado las enseñanzas de Jesús y hemos visto los signos que realizó. Hemos procurado hacerlo con la actitud propia del discípulo, que no ve a Jesús desde fuera, sino desde dentro. Hoy vamos a dar un paso más, intentando descubrir qué significa exactamente seguir a Jesús.

➤ Miramos nuestra vida

Hemos venido a estos encuentros porque somos o queremos ser discípulos de Jesús. Pero esto no siempre nos resulta fácil. Vamos a conversar un poco sobre nuestras dificultades, tratando de responder a esta pregunta:

– *¿Qué aspecto de mi compromiso cristiano me resulta más difícil de aceptar y de vivir?*

➤ Escuchamos la Palabra de Dios

Leemos con mucha atención este pasaje que podrá ayudarnos a entender qué tipo de compromiso cristiano deben tener los seguidores de Jesús.

• Nos preparamos con un momento de silencio para escuchar al Señor que nos habla a través de su Palabra.

• Proclamación de Mc 8,31-38.

• Cada uno vuelve a leer el pasaje despacio, consultando las notas.

• Después, entre todos, tratamos de responder a estas preguntas:

– *¿Qué hace Pedro después de escuchar a Jesús? ¿Por qué?*

– *¿Cómo reacciona Jesús? ¿Qué le dice a Pedro?*
– *¿Qué les pide a aquellos que quieran seguirle?*

➤ Volvemos sobre nuestra vida

Puede que también a nosotros, lo mismo que a Pedro, nos cueste aceptar que Jesús tiene que pasar por la cruz, y que sus discípulos tienen que seguirle en el camino hacia ella.

– *¿Qué significa hoy para mí volver a ponerme detrás de Jesús?*
– *¿Estoy dispuesto a ponerme al servicio de los demás, aunque para ello tenga que renunciar a mí mismo?*

➤ Oramos

En este momento vamos a hablarle a Jesús de nuestro deseo de seguirle, aunque por ello nos toque cargar con su cruz. Podemos expresar nuestro anhelo de caminar detrás de Él y adoptar la actitud del discípulo que sigue a su Maestro.

• Comenzamos leyendo una vez más Mc 8,31-38.

• Guardamos unos minutos de silencio en los que reflexionamos sobre las palabras de Jesús. Tal vez éstas nos hayan resultado un poco duras, porque aún tenemos poca fe. Nuestra oración podría ser:

¡Señor, auméntanos la fe!

• Cada uno puede hacer propia esta oración y decirla con sus propias palabras, añadiendo para qué necesita que aumente su fe.

PARA PROFUNDIZAR

El camino de la cruz

En los evangelios sinópticos, el viaje de Jesús hacia Jerusalén es, ante todo, un camino hacia la cruz. La cruz es su verdadera meta y la clave para interpretarlo. Por eso, a lo largo de este camino, Jesús va anunciando que será rechazado por su pueblo y entregado a los paganos, que lo matarán y que a los tres días resucitará (Mc 8,31-32; 9,30-31; 10,32-34). Pero en este camino Jesús no va solo. Le acompañan sus discípulos, a quienes explica el sentido que tiene para Él y para ellos la cruz que le aguarda en Jerusalén.

El camino de Jesús

La mayor parte de la actividad de Jesús tuvo lugar en Galilea. Fue allí donde anunció la llegada del reinado de Dios, donde reunió a un grupo de discípulos, donde pronunció sus parábolas, y donde realizó la mayor parte de sus signos. Al cabo de un cierto tiempo decidió ir con sus discípulos a Jerusalén, para anunciar también allí la buena noticia que había proclamado en Galilea. Jesús no volvió de aquel viaje. Las autoridades judías y romanas le dieron muerte, porque su mensaje resultaba molesto.

Con el paso del tiempo sus discípulos recordaron aquel viaje y cómo en todo el recorrido fue descubriendo Jesús lo que el Padre quería de Él. Todavía en la víspera de su pasión, cuando se puso a orar en el huerto de Getsemaní, le pidió que "apartara de Él la copa de amargura" (Mc 14,36). Fue en aquella oración donde finalmente comprendió que el Padre quería manifestarnos a través de su entrega un amor sin medida.

El camino con Jesús

El camino hacia la cruz es en los evangelios (sobre todo en Marcos y Lucas) una ocasión para instruir a los discípulos y para que éstos comiencen a poner en práctica las enseñanzas de Jesús.

Jesús los instruye y los corrige, porque les cuesta mucho entender que Él tenga que hacer este camino y que ellos tengan que seguirle por él. Era mucho más fácil acompañarlo por el camino de la gloria, de la fama, de los milagros. El camino de la cruz es otra cosa, y no todos están dispuestos a seguirlo; por eso Pedro trata de convencerle para que lo abandone.

Es entonces cuando Jesús les muestra que para ser discípulos suyos es necesario ponerse detrás de Él y empezar a traducir en gestos concretos el amor de Dios manifestado en su entrega por nosotros. Sus discípulos deben estar dispuestos a renunciar a sí mismos, a perder la propia vida, a ocupar el último lugar, a hacerse servidores y esclavos de todos. Todas estas enseñanzas de Jesús acerca del discipulado se encuentran después de los anuncios de la pasión, porque esta forma de vida es, en el fondo, un camino hacia la cruz con Jesús:

– "Negarse a sí mismo, tomar la cruz y perder la propia vida" (Mc 8,34-38), es decir, dejar de poner el centro de nuestra vida en nosotros mismos, en nuestros proyectos, en lo que nos apetece... y empezar a poner a los demás en el centro. Así es como se encuentra la verdadera vida.

– "Ser los últimos y los servidores de todos" (Mc 9,35-37), es decir, romper con nuestro deseo de figurar, de ser considerados, alabados, reconocidos; y pasar a ocupar el último lugar, el lugar de los que no cuentan, y desde allí ponernos al servicio de los demás.

– "Ser servidores y esclavos de los demás" (Mc 10,41-45), es decir, hacer lo contrario de lo que hacen los grandes y poderosos; renunciar al poder sobre los demás, no presionar, no querer que los demás hagan nuestra voluntad. Al contrario, dejar que ellos sean nuestros señores y nosotros sus esclavos por amor.

Es un camino difícil. Casi imposible de recorrer con nuestras propias fuerzas. Sólo hay una forma de hacerlo: ponernos detrás de Jesús y hacer que nuestros pies vayan pisando sus mismas huellas, viviendo como Él, que "no vino a ser servido, sino a servir y a dar su vida por todos" (Mc 10,45).

PARA PREPARAR EL PRÓXIMO ENCUENTRO

Para preparar nuestra próxima reunión vamos a leer de nuevo la cuarta sección del evangelio de Marcos (Mc 8,31-10,52). En esta ocasión nos fijaremos en cómo, en el camino hacia Jerusalén, tras los tres anuncios de Jesús acerca de su muerte y resurrección, los discípulos actúan de forma no esperada. Intentaremos responder a la siguiente pregunta:

¿Cómo reaccionan los discípulos cuando Jesús les habla de su muerte?

NOTAS

10 MAESTRO, HAZ QUE RECOBRE LA VISTA

LECTURA CONTINUADA

Puesta en común sobre Mc 8,31-10,52

El camino hacia Jerusalén es una escuela para los discípulos, en la que el Maestro les va instruyendo acerca de diversos aspectos del seguimiento, y por tres veces les anuncia su pasión y resurrección.

Al leer por segunda vez esta cuarta sección del evangelio de Marcos (Mc 8,31–10,52) habremos descubierto muchas más cosas que en la primera. En la ocasión anterior nos fijábamos en las exigencias de Jesús para aquellos que quieren ser sus discípulos. En esta nueva lectura, hemos prestado nuestra atención a las distintas reacciones de éstos tras los sucesivos anuncios de Jesús acerca del final de su camino. Seguro que algunas de las actitudes de los discípulos nos han sorprendido.

Vamos a hacer la puesta en común intentando responder a la pregunta que nos hicimos: *¿Cómo reaccionan los discípulos cuando Jesús les habla de su muerte?*

GUÍA DE LECTURA

"Maestro, que recobre la vista"

Antes de comenzar buscamos **Mc 10,46-52**

➤ Ambientación

En nuestro último encuentro escuchamos una nueva invitación de Jesús a seguirle, y descubrimos que para ser discípulos suyos tenemos que identificarnos con su estilo de vida y con su destino. Pero esto nos resulta difícil, casi imposible con nuestras propias fuerzas. Nos damos cuenta de que tenemos que recurrir a Él.

➤ Miramos nuestra vida

Después de haber escuchado lo que Jesús pide a aquellos que quieren seguirle, es probable que nos hayamos hecho más conscientes de nuestras dificultades para aceptar su invitación.

– *¿Qué nos ayuda a mantenernos firmes en el seguimiento de Jesús en los momentos difíciles?*

➤ Escuchamos la Palabra de Dios

Sabemos por los evangelios que muchos de los que siguieron a Jesús tuvieron grandes dificultades a la hora de mantenerse fieles al Maestro. De hecho algunos le abandonaron. Sin embargo otros, que abrieron su corazón al Señor, encontraron en Él la ayuda que estaban esperando.

• Nos preparamos con un momento de silencio para escuchar lo que el Señor quiere decirnos hoy.

• Un miembro del grupo lee en voz alta Mc 10,46-52.

• Cada uno vuelve a leer el pasaje despacio, consultando las notas.

• Después, entre todos, tratamos de responder a estas preguntas:

– *¿Cuál es la situación de Bartimeo antes de hablar con Jesús?*

– *¿Y después? ¿Qué ha cambiado en él? ¿Por qué?*

– *¿Descubres alguna relación entre este ciego y los discípulos?*

➤ Volvemos sobre nuestra vida

Si nos ponemos en el lugar de Bartimeo, descubriremos que nuestra situación se parece mucho a la suya: estamos ciegos (somos incapaces de "ver" lo que Jesús nos pide) y al borde del camino (incapaces de seguirle). Él sabía que sólo Jesús podía cambiar su situación.

– *¿Qué aprendemos de su actitud de fe y de su súplica a Jesús?*

– *¿Cuál ha de ser la actitud del discípulo en momentos de oscuridad?*

➤ Oramos

Terminamos nuestro encuentro con un momento de oración en el que, recordando el encuentro entre Jesús y Bartimeo, pedimos al Señor que nos ayude en el camino, y le damos gracias por animarnos cada día a ser discípulos suyos.

- Volvemos a leer el pasaje de Mc 10,46-52.
- Durante unos minutos de silencio pensamos en nuestra incapacidad de aceptar lo que Jesús nos pide, y desde nuestras dificultades para seguirle por el camino de la entrega, intentamos reavivar nuestra fe y acercarnos a Jesús con las mismas palabras de aquel ciego:

¡Maestro, haz que recobre la vista!

- Cada uno puede pedirle al Señor que le ayude a ver aquello que más le cuesta. También podemos darle gracias por lo que nos ha hecho ver hasta ahora.
- Terminamos leyendo juntos el Salmo 126 (125): "Cuando el Señor cambió la suerte de Sión".

PARA PROFUNDIZAR

Recobrar la vista y seguir a Jesús

Nada más recobrar la vista, Bartimeo se puso a seguir a Jesús por el camino. Jesús no sólo le curó de la ceguera física, sino de la incapacidad que tenía para ser discípulo suyo. Bartimeo es un símbolo de los que son incapaces de comprender y asumir las exigencias de su condición de discípulos. En él podemos vernos reflejados también nosotros cuando no somos capaces de ver claro, y también cuando el camino que Jesús nos propone es un camino difícil y en lugar de seguirlo nos quedamos inmóviles al borde de él.

Antes era ciego y ahora veo

Los primeros cristianos daban al verbo "ver" un significado muy profundo. Cuando descubrían quién era Jesús, decían que habían "recobrado la vista", y cuando tenían la experiencia de encontrarse personalmente con el Resucitado, decían que "habían visto al Señor". Para ellos ver era algo más que ver con los ojos de la cara. Ver significaba descubrir algo con los ojos de la fe, y sobre todo significaba descubrir a Jesús.

En los evangelios se cuenta la curación de varios ciegos (Mc 8,32-36 y 10,46-52). Para los contemporáneos de Jesús estas curaciones eran un signo de que Jesús era el Mesías (Lc 7,18-23). Para los primeros cristianos eran, además, el reflejo de su propia experiencia, del descubrimiento que habían hecho, de un encuentro personal con Jesús.

San Juan describió esta experiencia en el pasaje de la curación del ciego de nacimiento (Jn 9). En él, el ciego que recupera la vista va descubriendo poco a poco a Jesús en los encuentros que tiene con él, y va dando testimonio de este descubrimiento en las polémicas que mantiene con los fariseos. Primero se da cuenta de que es un profeta (Jn 9,17) y después reconoce que viene de Dios (Jn 9,33). La verdadera ceguera consiste en no conocer a Jesús; y recobrar la vista equivale a descubrir cuál es el misterio íntimo de su persona y de su misión, con una certeza que ni siquiera las amenazas o las dificultades pueden debilitar.

Hemos visto al Señor

Cuando Jesús se apareció a sus discípulos, no todos fueron capaces de reconocerlo. Los dos discípulos que se dirigían a Emaús hablaron con Él sin saber quien era (Lc 24,13-30), y lo mismo le pasó a María Magdalena (Jn 20,10-15). Después descubrieron quién era y contaron su experiencia diciendo que "se les abrieron los ojos" (Lc 24,30-31), o que "habían visto al Señor" (Jn 20,18.25). También san Pablo describe su experiencia personal de encuentro con Jesús resucitado diciendo que "ha visto al Señor" (1 Cor 9,1). En todos estos pasajes el verbo "ver" describe una experiencia muy profunda de encuentro personal con Jesús resucitado, un encuentro que produce alegría y paz (Jn 20,19-20).

Esta experiencia personal de encuentro con Jesús resucitado es un don de Dios. No es algo que nosotros podamos alcanzar con nuestras propias fuerzas, sino un regalo que recibimos del Señor. Por eso, cuando nos sentimos incapaces de ver a Jesús en nuestras vidas, o cuando el camino que Él nos propone nos resulta demasiado difícil, tenemos que hacer lo mismo que hizo Bartimeo: acercarnos a Jesús y suplicarle: "¡Señor, que vea!". Muchas veces hemos comprobado que los demás caminos son inútiles, y que la fe sólo se puede alcanzar a través de esta súplica constante y confiada.

Esta fe es la clave del testimonio cristiano. Sólo quien "ha visto al Señor" puede dar testimonio de Él y sacar a otros de su ceguera. A esta experiencia se refiere san Juan en el comienzo de su primera carta: "Lo que existía desde el principio, lo que hemos oído, lo que hemos visto con nuestros ojos, lo que hemos contemplado y han tocado nuestras manos acerca de la palabra de la vida... os lo anunciamos para que... vuestro gozo sea completo" (1 Jn 1,1-4).

PARA PREPARAR EL PRÓXIMO ENCUENTRO

Para preparar la próxima reunión, vamos a leer la quinta sección del evangelio de Marcos: Mc 11,1-13,37. En ella, Jesús llega a la meta de su camino: la ciudad de Jerusalén, y realiza algunos gestos que seguramente llamarán nuestra atención. Fijémonos en ello y respondamos a esta pregunta:

¿Cuáles son las tres acciones más significativas que realiza Jesús al llegar a Jerusalén? ¿Ves alguna relación entre ellas?

NOTAS

11 MI CASA ES CASA DE ORACIÓN PARA TODOS LOS PUEBLOS

LECTURA CONTINUADA

Puesta en común sobre Mc 11,1-13,17

La quinta sección del evangelio de Marcos que hemos leído para preparar esta reunión (Mc 11,1-13,37) sitúa a Jesús en la ciudad de Jerusalén, meta del camino que había emprendido al inicio de la sección anterior. Antes de que tengan lugar los acontecimientos de la pasión y muerte, anunciados repetidamente en los capítulos precedentes, se nos cuentan algunas de las cosas que Jesús hizo y dijo cuando llegó a la Ciudad Santa. Todas resultan chocantes y necesitan una explicación.

La pregunta que debíamos responder era la siguiente: *¿Cuáles son las tres acciones más significativas que realiza Jesús al llegar a Jerusalén? ¿Ves alguna relación entre ellas?*

GUÍA DE LECTURA

"Jesús entró en el templo y comenzó a echar a los que vendían y compraban"

Antes de comenzar buscamos **Mc 11,15-19**

➤ Ambientación

Después de un largo camino en el que había ido instruyendo a sus discípulos sobre las exigencias del seguimiento y la inminencia de su muerte, Jesús llegó a Jerusalén, capital del país y sede del templo. Allí realizó una serie de acciones que, a primera vista, pueden parecernos chocantes. Sus adversarios las interpretaron como verdaderas provocaciones y tomaron por ello la firme decisión de acabar con Él.

➤ Miramos nuestra vida

A veces las palabras se quedan cortas y no bastan para decir lo que queremos. Todos conocemos casos en los que una persona o un grupo de personas se han manifestado públicamente mediante gestos más o menos llamativos (una huelga de hambre, un lazo azul prendido en la solapa, unas manos pintadas de blanco...). Con ellos quieren comunicar algo que llevaban muy dentro y que no pueden expresar sino mediante una determinada acción cargada de sentido.

– *¿Por qué crees que la gente necesita expresarse de esta manera? ¿Qué consiguen con ello?*

– *¿Has tenido a veces la sensación de que las palabras no bastan para decir lo que quieres? ¿Cómo has reaccionado en esos momentos?*

➤ Escuchamos la Palabra de Dios

Al llegar a Jerusalén, Jesús también tiene cosas que decir. Lo que ve en el templo le disgusta profundamente y siente la necesidad de denunciarlo. Pero las palabras no son suficientes y recurre a los gestos, como ya hicieran los antiguos profetas.

• Nos preparamos a la escucha de la Palabra con un momento de silencio para hacernos conscientes de que, mediante ella, Dios quiere seguir comunicándose con nosotros.

• Un miembro del grupo proclama en voz alta Mc 11,15-19.

• Reflexionamos en silencio: volvemos a leer personalmente el pasaje y consultamos las notas de nuestra Biblia para poder entenderlo mejor.

• Respondemos juntos a estas preguntas:

– *¿Qué gesto realiza Jesús en este episodio?*

– *¿Qué quiere expresar con él? ¿Con qué palabras lo justifica?*

– *¿Cómo reaccionan ante Él los que lo observan?*

➤ Volvemos sobre nuestra vida

Cuando contemplamos la escena de la expulsión de los mercaderes del templo de Jerusalén, todos experimentamos una cierta extrañeza. Seguramente nos hemos hecho una imagen de Jesús demasiado inofensiva y se nos hace difícil verle reaccionar con tanta violencia. Otras veces, en cambio, sentimos que aquello podría repetirse hoy, empezando por nosotros mismos, por sus discípulos, por su Iglesia... Cuando decimos aquello de: "Si Jesús viniera hoy...", lo que en realidad estamos reconociendo es que quizá tendría motivos para actuar del mismo modo. Por eso nos preguntamos:

– *Si Jesús se hiciera presente de nuevo en nuestro mundo o en nuestra Iglesia, ¿qué nos reprocharía? ¿Ante qué situaciones se mostraría especialmente irritado?*

– *¿Qué pensaría de nuestro modo de dar culto a Dios, de nuestra manera de vivir la fe? ¿Cómo reaccionaría ante ella?*

➤ Oramos

Es el momento de expresar ante el Señor todo aquello que la lectura y meditación de este pasaje nos haya sugerido.

• Volvemos a leer Mc 11,15-19 después de crear un clima adecuado para la oración.

• Oramos personalmente sobre el pasaje que hemos escuchado.

• Presentamos nuestra oración en voz alta para que también el grupo participe de la plegaria personal.

• Acabamos recitando juntos el Salmo 87 (86), que nos habla de Jerusalén como madre de todos los pueblos: "Sus cimientos están en el monte santo".

PARA PROFUNDIZAR

Jesús y el templo de Jerusalén

El episodio de la expulsión de los mercaderes del templo de Jerusalén nos invita a reflexionar sobre la importancia de este lugar para el pueblo de Israel y sobre las relaciones que Jesús mantuvo con él a lo largo de su vida.

El templo en la sociedad judía

El templo de Jerusalén era, sin duda, la institución más importante del judaísmo en tiempos de Jesús desde el punto de vista religioso, social, político y económico.

– Religiosamente, era el centro simbólico y real de todo el judaísmo. Constituía el signo visible de la presencia de Yavé en medio de su pueblo y el testimonio patente de su elección. Era el único lugar en el que se podía rendir culto a Dios mediante el sacrificio de animales. Por ello era meta de peregrinaciones, especialmente durante las fiestas importantes.

– Socialmente, era punto de referencia obligatorio, puesto que la aristocracia sacerdotal, que controlaba el culto del templo, era a la vez la clase más acomodada e influyente del país.

– Políticamente, era uno de los lugares desde donde se tomaban las grandes decisiones del poder. En él tenía su sede el Sanedrín, consejo de notables presidido por el sumo sacerdote que acaparaba competencias legislativas, judiciales y ejecutivas. Aunque Palestina era, en tiempos de Jesús, un país ocupado por el Imperio romano, esta institución gozaba de una amplia autonomía para gobernar en todos los asuntos relacionados con el pueblo judío. Únicamente le estaba vetada la aplicación de la pena de muerte.

– Económicamente, era uno de los grandes pilares financieros del país. En la práctica funcionaba como un gran "complejo industrial", en torno al cual se desarrollaban las más variadas actividades comerciales: tesorería, banca y cambio de moneda, venta de los animales y los productos necesarios para los sacrificios, etc.

Jesús y el templo

Jesús mantuvo frente al templo de Jerusalén una actitud crítica, como se revela, por ejemplo, en el pasaje de la expulsión de los mercaderes. Para comprender su sentido debemos leerlo a la luz del episodio de la higuera maldita (Mc 11,12-14; 20-25). El templo es como la higuera. Está lleno de hermosas hojas, pero no ha producido los frutos de verdadera oración, de fe y de justicia que se esperaban de él. Sus solemnes ceremonias y los sacrificios de animales que en él se realizaban ininterrumpidamente eran ritos sumamente vistosos, pero vacíos porque no provocaban la conversión del corazón. Como todo buen judío, Jesús participó del culto en el templo, pero condenó, como los antiguos profetas, la manera concreta de realizarlo (Is 1,10-20; Jr 7). Los evangelios nos recuerdan incluso que Jesús anunció su destrucción, cosa que realmente ocurrió en el año 70 d.C., cuando los romanos arrasaron completamente la Ciudad Santa.

Esta actitud de Jesús frente al templo aparece en los evangelios como una de las causas próximas de su muerte. Marcos y Mateo nos recuerdan que, durante el juicio que condujo a Jesús a la cruz, éste fue acusado de querer destruir el templo (Mc 14,57-58; Mt 26,61). En el momento de la crucifixión los que pasan a su lado se burlan y lo insultan por este mismo motivo (Mc 15,29; Mt 27,40).

Los cristianos y el templo

Los primeros cristianos tuvieron hacia al templo de Jerusalén posiciones diferentes. Mientras que los judeocristianos de Jerusalén siguieron asistiendo a él para rezar (Lc 24,53; Hch 2,46), otros grupos mantuvieron una actitud más bien crítica e incluso hostil (Hch 6,8-15; 7,44-53).

Poco a poco, los discípulos de Jesús fueron madurando la idea de que el verdadero culto que se ha de dar a Dios no depende tanto del lugar, sino de la actitud del corazón. El culto no es más válido porque se realice aquí o allí, en tal templo o cual ermita, sino porque se ofrece "en espíritu y en verdad" (Jn 4,23), es decir, desde una vida que se esfuerza en caminar según la voluntad de Dios.

Si los cristianos seguimos utilizando templos no es porque conservemos la idea de que una construcción humana pueda ser la morada de Dios. El verdadero "Templo", es decir, el lugar donde se manifiesta realmente la presencia del Señor es, en primer lugar, Jesús mismo (Jn 2,21), pero también lo es la comunidad cristiana y cada uno de sus miembros, especialmente los más necesitados (1 Cor 6,18; 3,10-17). Dios no habita dentro de cuatro paredes construidas por la mano del hombre, sino en el corazón de las personas que se reúnen en su nombre.

PARA PREPARAR EL PRÓXIMO ENCUENTRO

Para preparar el próximo encuentro, vamos a volver a leer la quinta sección del evangelio de Marcos:

Mc 11,1-13,37

Al leer estos capítulos vamos a fijarnos *con quiénes y de qué temas habla Jesús al llegar a Jerusalén.*

12 LLAMADOS A AMAR COMO JESÚS

LECTURA CONTINUADA

Puesta en común de Mc 11,1-13,37

Jesús llega a Jerusalén. En esta ciudad continúa revelando el misterio de su persona como lo había hecho en Nazaret y en toda Galilea. Su revelación se dirige tanto a la gente de Jerusalén como a sus discípulos. Poco a poco se va haciendo más claro el final que le espera.

Para esta reunión nos propusimos leer la misma sección del evangelio de Marcos (Mc 11,1-13,37) que tomamos para la sesión anterior, pero fijándonos en los diálogos-discusiones que mantiene Jesús con los diferentes grupos religiosos y políticos que lo asaltan con sus preguntas, generalmente malintencionadas, cuando llega a Jerusalén. La pregunta que debíamos contestar era: *¿Con quiénes y de qué temas habla Jesús al llegar a Jerusalén?*

GUÍA DE LECTURA

"¿Cuál es el mandamiento más importante?"

Antes de comenzar buscamos **Mc 12,28-34**

➤ Ambientación

Una vez estaba Jesús conversando con unos judíos. Era sábado, día de descanso sagrado. Con ellos estaba un hombre que no podía moverse. Todos espiaban a Jesús, para ver si lo curaba en sábado. Y efectivamente, lo curó. De este modo nos enseñó algo fundamental: que el hombre es más importante que todas las leyes y todas las normas. "El sábado se hizo para el hombre –llegó a decir– y no el hombre para el sábado".

Vamos a hablar de esto hoy. De las leyes, de las normas, de cuáles son más importantes, y de cuáles parecen serlo menos a los ojos de Dios.

➤ Miramos nuestra vida

Aparte de las leyes que rigen nuestra vida como ciudadanos (código civil, leyes de circulación, etc.), los cristianos tenemos otra serie de leyes y mandamientos. Los mandamientos de la ley de Dios, los mandamientos de la Iglesia, las normas que dicta el Papa... Hay personas a quienes algunas de estas leyes les crean problemas de conciencia, y a veces no se sabe distinguir entre las que son fundamentales y las secundarias.

– *¿Qué normas de la Iglesia me resultan más difíciles de cumplir? ¿Cuáles me parecen fundamentales y cuáles secundarias?*

➤ Escuchamos la Palabra de Dios

En la época de Jesús los judíos tenían un elevado número de normas que debían cumplir. Un judío piadoso le pregunta a Jesús si todas tenían la misma importancia a la hora de llevarlas a la práctica. Jesús, con su respuesta, nos ofrece el mandamiento más importante para todo cristiano, la ley que ningún discípulo puede olvidar.

• Vamos a prepararnos con un momento de silencio para escuchar con atención lo que Dios quiere decirnos hoy a través de su Palabra:

• Proclamación de Mc 12,28-34.

• Reflexionamos en silencio: leemos de nuevo el pasaje personalmente y consultamos las notas a pie de página de nuestra Biblia. Respondemos a estas preguntas:

– *¿Qué le pregunta el maestro de la ley a Jesús? ¿Por qué?*

– *¿Cómo le responde Jesús?*

– *¿Qué relación hay entre los dos mandamientos?*

➤ Volvemos sobre nuestra vida

La Palabra de Dios ha iluminado la experiencia de vida que comentábamos al principio de esta sesión. Por ella sabemos que de entre todas las normas que rigen nuestra vida, hay una que no podemos eludir ni dejar sin respuesta.

– *¿Es verdaderamente el amor a Dios y al prójimo el mandamiento más importante para nosotros?*

– *¿Cómo lo hacemos visible en nuestra vida?*

➤ Oramos

Al concluir nuestro encuentro, vamos a hacer un momento de silencio para darle gracias al Señor por su amor y pedirle que con él penetre nuestras vidas. Será la única forma de ser auténticos en nuestro amor a los demás.

• Leemos nuevamente el pasaje de Mc 12,28-30.

• Después de unos minutos de silencio, expresamos nuestras peticiones y nuestra acción de gracias al Señor, a partir de lo que su Palabra nos ha descubierto en este encuentro.

• Podemos cantar: “Si yo no tengo amor”, “Danos un corazón” u otro canto apropiado.

• Terminamos nuestro encuentro comprometiéndonos con un gesto concreto de amor que haga visible lo que hemos reflexionado y orado en el grupo.

PARA PROFUNDIZAR

Como yo os he amado

El mandamiento del amor es, sin duda, el gran mandamiento cristiano. Los evangelios están atravesados de parte a parte con afirmaciones y dichos de Jesús que, de una u otra manera, tienen que ver con él. Entre todas las normas que rigen la vida de un discípulo de Jesús sólo una es verdaderamente importante: amar. Todo lo demás (sacramentos, ritos, obligaciones y preceptos) sirve en tanto en cuanto nos ayuda a esto.

Salir de la confusión

En tiempos de Jesús, los preceptos y mandatos que un buen judío debía cumplir eran muchos. Demasiados. Con el deseo de asegurar hasta el mínimo detalle el cumplimiento de la ley judía, los fariseos habían multiplicado el número de normas, de modo que su exacta observancia resultaba francamente agobiante para la mayoría de la gente. En la práctica, sólo unos pocos podían conocer y, por tanto, cumplir una cantidad tan desmesurada de preceptos religiosos. Para el pueblo sencillo resultaba simplemente imposible, y ello provocaba su marginación por parte de los fariseos y maestros de la ley.

No era pues extraño que muchos, con sincera intención, se preguntasen: ¿Qué es lo principal? ¿Cuál es el mandamiento más importante de la ley? Jesús, amigo de ir al fondo de las cosas y de quedarse con lo esencial, critica ese afán legalista de los fariseos, empeñados en poner normas para todo y para todos, y nos recuerda que lo único verdaderamente importante es el amor. En eso se resume todo lo demás. Quien ama no debe preocuparse por nada más. "Ama y haz lo que quieras" afirmaba san Agustín.

¿Un mandamiento o dos?

Amar es para Jesús una moneda con dos caras. La una es el amor a Dios; un amor que debe movilizar a la persona entera con todas sus capacidades: el corazón, el alma, la mente, todas las fuerzas. La otra es el amor al prójimo; un amor que debe ejercerse en la misma medida en que se ejerce el amor hacia uno mismo.

Lo más importante para Jesús es que ambas cosas no se pueden separar. Quizá es el autor de la primera carta de Juan quien lo expresa con más claridad cuando nos recuerda que "quien no ama a su hermano a quien ve, no puede amar a Dios a quien no ve" (1 Jn 4,20). La única manera de verificar si el amor a Dios es auténtico es la de ver cómo amamos a los demás. Muchos otros pasajes de la Escritura nos recuerdan esta insistencia de la primitiva catequesis cristiana: 1 Cor 13,1-13; Sant 2,14-26; 1 Jn 2,7-11; 3,11-17...

Si queremos conocer de verdad el sentido de la palabra "amor" no tenemos más remedio que acudir al ejemplo mismo de la vida de Jesús. Todos sabemos que "amor" es una palabra muy usada y desgastada. Todos la utilizamos, pero no de la misma manera. Para recuperar el sentido con que la emplea Jesús lo único que podemos hacer es fijarnos en el testimonio concreto que nos dio con su vida entregada hasta la muerte.

El recorrido hacia el amor pleno tiene tres etapas:

1. El primer paso consiste en experimentar el amor de Dios, dejarnos amar por Él, sentirnos salvados por Él.

2. El segundo paso es amar como Jesús mismo nos amó, seguir su ejemplo. Él amó hasta el fin, hasta dar la propia vida. En nombre de este amor abriremos espacios en nuestra vida para el pobre, el marginado, el despreciado e, incluso, para el enemigo.

3. La plenitud propuesta por Jesús llegará cuando entremos en la dinámica de amor de la Trinidad, cuando nuestro amor a Dios y a los demás sea como el amor que une a la misma Trinidad. Gozaremos entonces de una nueva vida que viene de Dios y se mueve en Dios, porque "Dios es amor" (1 Jn 4,8).

PARA PREPARAR EL PRÓXIMO ENCUENTRO

Para preparar nuestro próximo encuentro vamos a leer la sexta y última sección del evangelio de Marcos, que abarca todo el relato de la pasión y la muerte: Mc 14,1-15,47. Su contenido principal nos es muy conocido, pero vamos a fijarnos en algunos aspectos concretos, guiados por esta pregunta:

¿Cuál es la reacción de los que se relacionan con Jesús a lo largo de su pasión?

NOTAS

13 UNA VIDA ENTREGADA EN FAVOR DE TODOS

LECTURA CONTINUADA

Puesta en común sobre Mc 14,1-15,47

Para preparar la reunión de hoy hemos leído todo el relato que nos cuenta el final de la vida humana de Jesús (Mc 14,1–15,47); un final marcado por el fracaso, el odio y el abandono de los más cercanos; una vida que termina en el suplicio de la cruz. Durante la lectura nos hemos fijado en los personajes que aparecen: los discípulos, las autoridades judías, Pilato, los soldados, las mujeres, la gente en general... Hemos observado a todos ellos centrando nuestra atención en las actitudes que toman frente a Jesús en esta última etapa de su vida. La pregunta que nos orientó fue: *¿Cuál es la reacción de los que se relacionan con Jesús a lo largo de su pasión?*

GUÍA DE LECTURA

Antes de comenzar buscamos **Mc 14,12-25**

➤ Ambientación

Uno de los signos importantes que hemos descubierto en el recorrido por el evangelio ha sido el de las comidas de Jesús. Recordemos el banquete en casa de Leví (Mc 2,13-18), la multiplicación de los panes (Mc 6,30-44 y 8,1-10) o el banquete en casa de Simón, relatado al inicio de esta sección (Mc 14,3-9). Al final de su camino, Jesús se sienta a la mesa con los Doce y les da la última señal y el resumen de toda su vida. Vamos a descubrirlo en nuestro encuentro de hoy.

➤ Miramos nuestra vida

Antes de leer la Palabra de Dios, vamos a mirar nuestra vida. También nosotros, cuando queremos celebrar algo, lo hacemos alrededor de una mesa. En muchas ocasiones damos a las comidas un sentido festivo. Dialoguemos durante unos minutos acerca de esta forma de celebrar los acontecimientos.

– *¿En qué ocasiones preparamos una comida especial?*
– *¿Por qué lo hacemos?*

➤ Escuchamos la Palabra de Dios

Para los primeros cristianos la fracción del pan en comunidad era el gesto más significativo del compartir con los hermanos. En este gesto se hacía presente Jesús. Es la escena que más veces hemos repetido los cristianos a lo largo de la historia. Conviene, pues, prestar mucha atención a cada palabra, a cada referencia a los acontecimientos que se narran en este relato.

• Guardamos silencio antes de escuchar la Palabra de Dios.

• Uno de los participantes proclama: Mc 14,12-25.

• Cada uno vuelve a leer personalmente ese pasaje consultando las notas.

– *¿Quién manda preparar la cena? ¿Dónde?*
– *¿De qué se habla durante la cena?*
– *¿Qué palabras dice y qué gestos hace Jesús? ¿Qué significan?*

➤ **Volvemos sobre nuestra vida**

Al comienzo de la reunión hablábamos de las comidas. La eucaristía es una comida muy especial. En ella celebramos la entrega de Jesús y también la nuestra; su fraternidad con los discípulos y también la nuestra.

Después de haber escuchado y meditado juntos el relato de la última cena de Jesús con sus discípulos, podemos conversar sobre cómo son nuestras eucaristías.

– *¿Qué es lo que celebramos en ellas?*
– *¿Qué relación tienen con nuestra vida de cada día?*

➤ **Oramos**

Ya que hemos entendido mejor lo que significa celebrar la eucaristía con los demás, agradecemos a Dios ese don que nos ha hecho y le pedimos que nos ayude a profundizar siempre más en el verdadero sentido que le dio Jesús.

- Primero hacemos nuestra oración en silencio.
- Después, los que lo deseen, la expresan en voz alta.
- Podemos terminar cantando: “Amar es entregarse”.

PARA PROFUNDIZAR

La eucaristía

La eucaristía es el resumen de la enseñanza y de la vida de Jesús; es como el testamento que dejó a sus discípulos. Después de recorrer juntos el mismo camino, de hacerlos participar de sus enseñanzas y ver sus obras, celebra con ellos una cena de despedida. En ella realizó una serie de acciones –gestos y palabras– que resumían lo que había sido su vida, y anticipaban el sentido de su muerte.

Testamento de la vida de Jesús

La última cena fue, en primer lugar, el testamento de la vida de Jesús. Lo más importante de ella quedó resumido en aquella comida:

– Una vida liberadora. De Galilea a Jerusalén hizo el nuevo Éxodo hacia la vida en libertad. Liberó de la esclavitud de los malos espíritus, de las riquezas, de la marginación, de las enfermedades, de la muerte. Por eso celebró aquella cena en el contexto de la fiesta de pascua, en la que se recordaba la liberación de su pueblo.

– Una vida de fraternidad. Jesús, al comer con los pecadores, había dado a entender la fraternidad del Reino, la reunión final que habían anunciado los profetas (Is 25,6) con rasgos de un gran banquete. Este festín está abierto a todos los pueblos (Mc 8,1-8). Por eso celebró aquella cena reunido con sus discípulos.

– Una vida entregada. Jesús había repetido, con palabras y hechos, que había venido para servir (Mc 10,45). El pan y el vino partido y repartido es un gesto simbólico más en este sentido. Juan lo expresa con el lavatorio de los pies (Jn 13,1-15) y el mandamiento del amor (13,34-35). Así completa la versión de la cena más dirigida al culto que presentaban los sinópticos y que podía convertirse en un ritual vacío, alejado de la vida (lee 1 Cor 11,17-33).

Anticipo del sentido de su muerte

La última cena fue también anticipo del sentido que Jesús quiso dar a su muerte:

– Jesús se entrega por obediencia al proyecto del Padre. Toda su vida estuvo marcada por el deseo de cumplir la voluntad del Padre (Mc 14,36). La muerte sólo fue consecuencia de un estilo de vida no comprendido ni aceptado por su generación. Pero Jesús se mantuvo fiel hasta el final, a pesar de las dificultades.

– La entrega de Jesús fue voluntaria y por amor: Jesús acepta este proyecto de amor y lo hace suyo. El centro de esta entrega es el "por vosotros" que pronuncia al entregar el pan y el vino a sus discípulos.

Haced esto en memoria mía

El pan, alimento básico, expresa la entrega de Jesús. Al ofrecerse como pan, hace lo que fue una constante en su vida: darse. Se había dado en las comidas con los publicanos, con las muchedumbres y con sus discípulos. A partir de ahora se seguirá dando como pan para toda la humanidad hasta que llegue el Reino definitivo.

La copa de vino, sangre de la nueva alianza, simboliza la sangre-vida. Entregar la sangre es entregar la vida. Israel había roto la antigua alianza. Ahora Jesús, con su entrega, pasando por una muerte violenta, inaugura la nueva alianza entre Dios y toda la humanidad. Una alianza que será definitiva, gratuita y universal.

Jesús pide que su gesto de amor se repita: "Haced esto en memoria mía". No es un mero recuerdo del pasado, sino actualización presente del misterio de la vida y muerte de Jesús; compromiso de seguir sus pasos para ir construyendo el nuevo pueblo de la alianza.

El corazón de la Iglesia

Los primeros cristianos se reunían con frecuencia para "celebrar la fracción del pan" (Hch 2,42). Y desde la resurrección, la eucaristía ha dado impulso a la Iglesia. Una Iglesia que toma en ella contacto con su Señor y que trabaja para manifestar en su existencia diaria lo mismo que Jesús vivió en la tierra: el amor de Dios que es el fundamento del amor entre las personas.

La eucaristía es la celebración donde la Iglesia expresa a la vez su identidad y el sentido de su misión en el mundo: reunir a todos los hombres y mujeres en el reino de Dios. Lo expresa de manera muy bella una oración cristiana muy antigua: "Lo mismo que este pan partido, diseminado por las montañas y juntado luego, se ha hecho uno solo, que tu Iglesia sea también reunida desde los confines de la tierra en un solo Reino".

PARA PREPARAR EL PRÓXIMO ENCUENTRO

Para preparar nuestro próximo encuentro vamos a leer la sexta sección del evangelio de Marcos: Mc 14,1-15,47. Mientras leemos estos capítulos vamos a intentar descubrir:

¿Qué sentido da Jesús a sus sufrimientos y a su muerte?

NOTAS

14 EL MESÍAS CRUCIFICADO

LECTURA CONTINUADA

Puesta en común sobre Mc 14,1-15,47

Hemos venido observando, a lo largo del relato evangélico, a un Jesús que, como decía la gente, "manda incluso a los espíritus inmundos y le obedecen" (Mc 1,27), y sus discípulos se sorprendían porque "hasta el viento y el lago le obedecen" (Mc 4,41). Para preparar nuestra reunión de hoy hemos leído de nuevo la última sección del evangelio (Mc 14,1–15,47). Realizando esta lectura nos hemos dejado guiar por la pregunta: *¿Qué sentido da Jesús a sus sufrimientos y a su muerte?*

Compartamos ahora brevemente lo que hemos descubierto en la lectura de estos capítulos.

GUÍA DE LECTURA

"¡Abba, Padre!"

Antes de comenzar buscamos **Mc 14,32-42**

➤ Ambientación

En nuestro recorrido por el evangelio de Marcos llegamos a los últimos instantes de la vida de Jesús. En este encuentro vamos a fijarnos en lo que hace Jesús cuando se ve solo, abandonado por todos, cercado por sus enemigos, sin escapatoria ante una muerte cruel e ignominiosa. Centraremos nuestro interés en descubrir cómo la actitud de Jesús ilumina nuestras propias crisis y fracasos, y qué capacidad de respuesta tiene nuestra fe frente a situaciones difíciles.

➤ Miramos nuestra vida

Seguramente muchas veces a lo largo de la vida nos hemos sentido derrumbados, sin saber por dónde salir..., y hemos pensado, e incluso dicho en voz alta: "¿qué he hecho yo para merecer esto?". En esos casos:

– *¿Cómo hemos reaccionado? ¿Con rabia y con rebeldía? ¿Con serenidad y conformidad? ¿Por qué?*

➤ Escuchamos la Palabra de Dios

Después de haberse entregado a los discípulos en el pan y el vino bendecidos, Jesús se entrega y abandona ahora en las manos del Padre a través de la oración en el huerto de Getsemaní. Su entrega al Padre en un clima de tensión y angustia le facilitará su posterior entrega a los enemigos de una manera apacible y serena.

• Antes de escuchar la Palabra, hacemos un momento de silencio e invocamos la presencia del Espíritu Santo.

• Un miembro del grupo lee en voz alta Mc 14,32-42.

• Releemos y ahondamos en silencio lo que acabamos de oír.

• Respondemos juntos a éstas preguntas:

– ¿Quiénes están con Jesús? ¿Le acompañan y ayudan?
– ¿Qué siente Jesús? ¿Con quién dialoga?
– ¿Qué sentido da a la muerte que le aguarda?

➤ Volvemos sobre nuestra vida

Ponemos nuestra experiencia a la luz de la Palabra. En el transcurso de la vida tenemos que dar respuestas a las situaciones que nos toca vivir y, si somos cristianos, esas respuestas han de ser lo más parecidas a las de Cristo. Ante graves sufrimientos míos, muertes de seres queridos y desgracias que ocurren a mi alrededor:

– ¿De qué manera mi fe me ayuda a superar las dificultades de la vida?

– ¿Qué respuesta encuentro en la fe ante el sufrimiento y la muerte?

➤ Oramos

Recogemos en forma de oración lo que la lectura y meditación de este pasaje del evangelio de Marcos nos haya sugerido.

- Un miembro del grupo lee de nuevo Mc 14,32-42.
- Durante un rato de silencio, ponemos ante el Señor lo que hemos descubierto.
- Expresamos nuestra oración comunitariamente.
- Acabamos rezando todos juntos el Salmo 31 (30) o bien cantando un canto apropiado.

PARA PROFUNDIZAR

Jesús, Hijo de Dios

¡Abba, Padre!

Marcos es el único evangelista que transmite literalmente esta expresión que usa Jesús para dirigirse a Dios. En su oración en Getsemaní Jesús exclama: "¡Abba, Padre! Todo te es posible. Aparta de mí esta copa de amargura. Pero no se haga como yo quiero sino como quieres tú" (Mc 14,36).

En los tiempos de Jesús la expresión "Abba", que en arameo quiere decir "Papá", era usada por los niños y también por los hijos adolescentes, tanto varones como mujeres, para dirigirse a su padre. El título "Abba" se utilizaba también para dirigirse a otras personas mayores, de respeto. Sin embargo ningún judío antes de Jesús había utilizado esta expresión para dirigirse a Dios. En toda la extensa literatura de plegarias del judaísmo antiguo no se halla ni un solo ejemplo en que se invoque a Dios como "Abba", ni en las plegarias litúrgicas ni en las plegarias privadas. Jesús fue, sin duda alguna, el primero en llamar a Dios "Abba", "Papá". Esta expresión utilizada por Jesús quedó recogida textualmente en el evangelio de Marcos (Mc 14,36) y en las cartas de Pablo a los Gálatas (Gál 4,6) y a los Romanos (Rom 8,15).

La forma "Abba, Padre" utilizada por Jesús revela su gran intimidad con Dios, llena de amor, de cariño y de confianza. En esta invocación divina "Abba" contiene también el núcleo de la misión de Jesús. Jesús tenía conciencia de estar autorizado para comunicar a la gente la revelación de Dios, porque Dios se le había dado a conocer como Padre (Mt 11,27).

Hijo de Dios

La gran familiaridad de Jesús con Dios, su enseñanza acerca de Dios como Padre (Mt 6,9-13; Lc 15,11-32) y su testimonio personal de confianza absoluta en Él han permitido a los seguidores de Jesús a reconocerlo como Hijo de Dios (Mc 15,39). En el primer escrito del Nuevo Testamento, la primera carta de Pablo a los cristianos de Tesalónica, Pablo se refiere a Jesús como Hijo de Dios cuando dice: "os convertisteis a Dios, abandonando los ídolos para servir al Dios vivo y verdadero, y para vivir con la esperanza de que su Hijo Jesús, a quien resucitó de entre los muertos, se manifieste desde el cielo y nos libere de la ira que se acerca" (1 Tes 1,9-10). En muchos otros de sus escritos (Rom 1,1-4; 8,1; Gál 4,4) Pablo anuncia que Jesús, muerto y resucitado, es el Hijo de Dios.

La buena noticia del Hijo de Dios

Como ya hemos visto en el tema segundo de nuestros encuentros, el evangelista Marcos escribió su obra con la finalidad de revelar a los cristianos la auténtica identidad de Jesús: el Hijo de Dios. Su obra comienza con las palabras: "Comienzo de la buena noticia de Jesús, Mesías, Hijo de Dios" (Mc 1,1). Este título de Jesús, el Hijo de Dios, es el eje alrededor del cual está construido todo el evangelio. Aparte del primer versículo del evangelio, este título aparece todavía 6 veces más, en momentos bien significativos.

Al inicio de su actividad pública, cuando es bautizado por Juan, Jesús –y sólo Él– oye la voz de Dios quien le dice: "Tú eres mi Hijo amado, en ti me complazco" (Mc 1,11). Durante la primera etapa de la actividad de Jesús, etapa de gloria y triunfo, son los demonios quienes se dirigen a Jesús llamándole "Hijo de Dios" (Mc 3,11; 5,7). Pero Jesús les manda callar, igual que a Pedro cuando éste le proclama Mesías (Mc 8,29). La verdadera identidad de Jesús no puede ser todavía revelada abiertamente porque podría ser tomado erróneamente por un Mesías político según las expectativas de la gente y no según el plan de Dios. Es Dios mismo quien proclama públicamente a Jesús como su Hijo, cuando dice a los discípulos durante la transfiguración de Jesús en la cumbre de la montaña: "Éste es mi Hijo amado; escuchadlo" (Mc 9,7). A partir de este momento comienza la revelación de Jesús como Hijo de Dios sufriente, obediente y fiel hasta la muerte al proyecto del Padre. En el momento de su mayor humillación y abandono Jesús se reconoce públicamente Hijo de Dios respondiendo a la pregunta del sumo sacerdote "¿Eres tú el Mesías, el Hijo del Bendito?" con el decidido "Yo soy" (Mc 14,61-62). La revelación de la verdadera identidad termina cuando Jesús es proclamado Hijo de Dios por el centurión romano, quien "al ver que había expirado de aquella manera, dijo: Verdaderamente este hombre era Hijo de Dios" (Mc 15,39).

Sólo el que ha acompañado a Jesús hasta el final, sólo el que le sigue hasta la cruz, podrá conocerle y confesarle como Mesías, Hijo de Dios.

Hijos del Dios vivo

A través del bautismo, cada cristiano queda incorporado en la muerte y resurrección de Cristo (Rom 6,4-12). Muerto y resucitado con Jesús, el cristiano recibe su Espíritu y asume la condición del Hijo de Dios: "Cuando llegó la plenitud de los tiempos, Dios envió a su proprio Hijo, nacido de mujer, nacido bajo el régimen de la ley, para liberarnos de la sujeción a la ley y hacer que recibiéramos la condición de hijos adoptivos de Dios. Y la prueba de que sois hijos es que Dios envió a nuestros corazones el Espíritu de su Hijo que clama: 'Abba', es decir, 'Padre'" (Gál 4,4-6). Esta condición de hijos de Dios no es sólo un título de gloria, sino un compromiso, que consiste en buscar siempre la voluntad de Dios en nuestra vida. Y esta voluntad –ya lo sabemos– nos impulsa a ponernos al servicio de los demás como lo hizo Jesús.

PARA PREPARAR EL PRÓXIMO ENCUENTRO

Para preparar nuestra última reunión vamos a leer el final y el comienzo del evangelio: Mc 16,1-8 y Mc 1,1-20. Al leer estos pasajes vamos a intentar responder a estas preguntas:

¿Qué puede significar volver a Galilea?
¿Qué se dice en estos pasajes sobre Jesús?

15 JESÚS RESUCITADO NOS TRAE NUEVA VIDA

LECTURA CONTINUADA

Puesta en común sobre Mc 16,1-8 y Mc 1,1-20

La vida entregada y comprometida por el Reino que Jesús vivió le ha llevado hasta la muerte en cruz. Parece el final de todo, pero las apariencias engañan. Dios resucitó a Jesús mostrando que una vida así tiene sentido, merece ser vivida.

Para la lectura de hoy propusimos la lectura de Mc 16,1-8 (la tumba vacía y el mensaje del ángel) y Mc 1,1-20 (el inicio del evangelio y la llamada de los primeros discípulos). Dos preguntas nos ayudarían a entender estos pasajes: *¿Qué puede significar volver a Galilea? ¿Qué se dice en estos pasajes sobre Jesús?*

GUÍA DE LECTURA

"No os asustéis. Ha resucitado"

Antes de comenzar buscamos **Mc 16,1-8**

➤ **Ambientación**

Nuestras reuniones anteriores nos han ayudado a familiarizarnos con el evangelio de Marcos. Hemos acompañado a Jesús en la elección de sus discípulos, en momentos de dificultad y de alegría. Hemos llegado con Él hasta la pasión y la muerte. Hoy vamos a reflexionar sobre su resurrección. Parece el final, pero en realidad es el comienzo de nuestra fe y de nuestro testimonio.

➤ **Miramos nuestra vida**

A veces la vida nos da sorpresas que nos dejan por un momento desconcertados. Entonces solemos reaccionar del modo más insospechado: lloramos de alegría, saltamos de felicidad o de dolor...

Ante un acontecimiento alegre o doloroso que no esperas:

– *¿Cómo sueles reaccionar?*

– *¿Cómo reacciona la gente que te rodea?*

➤ **Escuchamos la Palabra de Dios**

Las mujeres acuden a la tumba de Jesús y se encuentran con un mensaje sorprendente: "¡Ha resucitado!". Esto las hace salir del sepulcro atónitas y desconcertadas.

• Como venimos haciendo, nos preparamos con unos momentos de silencio para escuchar la Palabra de Dios.

• Proclamación de Mc 16,1-8.

• Reflexionamos en silencio: leemos de nuevo el pasaje y las notas de la Biblia.

• Entre todos tratamos de responder a estas preguntas:

– *¿Qué buscaban las mujeres? ¿Con qué se encuentran?*

– *¿Qué mensaje deben llevar las mujeres a los discípulos?*

– *¿Dónde deben ir para ver a Jesús resucitado?*

– *Observa y comenta cómo reaccionan las mujeres camino del sepulcro, ante el joven de túnica blanca, cuando salen del sepulcro.*

➤ **Volvemos sobre nuestra vida**

Después del primer impacto que suscitó en nosotros un acontecimiento sorprendente, reaccionamos, podríamos decir, con la cabeza y el corazón en su sitio. Es lo que nos pasa con el gran acontecimiento de la resurrección. Pero:

– *¿De qué manera influye en tu vida? ¿En qué se nota que te hace vivir de modo nuevo?*

➤ **Oramos**

Podemos concluir nuestra oración uniéndonos a la alegría de los primeros cristianos por la resurrección de Jesús. Dejamos que nuestro corazón se llene de alegría y estalle en alabanzas.

• Tras un instante de silencio volvemos a leer Mc 16,1-8.

• Dejamos un tiempo de oración personal para que resuene en nuestro interior el pasaje leído y lo que hemos reflexionado en esta sesión.

• Expresamos en voz alta nuestra oración que hoy podría ser de alabanza y acción de gracias. Por la resurrección de Cristo podemos mirar el mundo, la vida, con optimismo. También nosotros, en Jesús, estamos resucitados.

• Terminamos cantando una canción de pascua.

PARA PROFUNDIZAR

La resurrección de Jesús

La resurrección de Jesús no consistió en la reanimación de un cadáver, ni en un retorno a esta vida espacio-temporal. Jesús no resucita como resucitó la hija de Jairo, o su amigo Lázaro. Ellos volvieron a esta vida para morir.

La resurrección de Jesús es nueva creación por parte de Dios, nuevo nacimiento, nueva persona y mundo nuevo.

Con ella Dios ha dicho que la vida de Jesús tiene sentido, que el Reino, el amor, el servicio y toda su enseñanza son el nuevo modo de vivir conforme al plan de Dios. Significa que Dios, en Jesús, nos hace triunfar sobre la muerte, la injusticia, el dolor.

La resurrección es un hecho real

La resurrección de Jesús no es un hecho que podamos comprobar por documentos o instrumentos utilizados por la ciencia histórica. Por ejemplo, una cámara fotográfica no podría haber recogido este hecho. Para que un hecho sea histórico es necesario que podamos comprobar con testimonios fehacientes y contrastados que realmente sucedió. Muchas de las cosas que han sucedido en la historia no pueden comprobarse así, y eso no significa que no sucedieran. En el hecho de la resurrección, el historiador sólo puede llegar hasta el efecto de la misma: unos hombres y mujeres que, de cobardes, se convierten en valientes y se esparcen enseguida por todo el Mediterráneo anunciando el Evangelio y formando comunidades cristianas que duran hasta hoy. La resurrección, por tanto, es un acontecimiento real que se sitúa más allá de la historia y la sobrepasa, y que, al mismo tiempo, incide en ella transformándola.

La fe en la resurrección

La resurrección de Jesús es un hecho de fe. Así lo vieron los primeros cristianos, que nos transmitieron su experiencia en dos tipos de relatos: unos en los que las mujeres y los discípulos encuentran vacía la tumba donde habían puesto a Jesús, y otros en los que se cuentan las apariciones del Resucitado. En ambos casos dan a entender que no son signos evidentes: la tumba vacía puede explicarse por el robo del cadáver (Mt 28,13), y María Magdalena no reconoce a Jesús resucitado (Jn 20,14-15). Por tanto, la tumba vacía y las apariciones sólo sirven para el que tiene fe.

Nuestra fe en la resurrección se basa en la fe de los que vieron vivo a Jesús después de su muerte en cruz. Para ellos fueron fundamentales las apariciones. Ellas dieron origen a la exclamación de los apóstoles: "¡Es verdad, ha resucitado!" (Lc 24,34). En ellas se habla de una presencia real de Jesús (come, camina con los discípulos, dialoga...). Pero a la vez hay afirmaciones que nos indican que no es un cuerpo como el nuestro: no está sujeto al tiempo y al espacio, aparece y desaparece, atraviesa puertas (Jn 20,29).

Los primeros cristianos quisieron dejar clara esta experiencia de la resurrección de Jesús, pero tenían que adaptarse a la mentalidad de las personas a las que predicaban el Evangelio. Y lo hicieron destacando que el Resucitado era el mismo Jesús de Nazaret a quien se podía tocar (Lc 24,39; Jn 20,20-29), que volvía a comer con sus discípulos (Lc 24,43), que estaba vivo y presente en la comunidad (Lc 24,13-35).

A la hora de expresar esa vivencia de Jesús resucitado los discípulos se encontraron con no pocas dificultades. Les fallaba el lenguaje, y por eso hablaron de resurrección, de exaltación (Flp 2,9; Hch 2,36), de pasar al Padre, de Jesucristo sentado a la derecha del Padre. Puedes leer en 1 Cor 15,3-5 cómo lo expresa un credo antiquísimo de la primera comunidad.

Y ahora, ¿qué?

La resurrección no es una realidad reservada únicamente para después de la muerte. Después será la plenitud. Lo importante es vivir ya desde ahora como resucitados, porque a partir del bautismo participamos en la resurrección de Jesús (lee Col 3,1-4 y Rom 6,4-5). Su resurrección nos convierte en hombres y mujeres nuevos para los que ya no hay distinciones de ningún tipo, porque todos somos hijos de Dios en Jesús (Gál 3,26-28). Su victoria nos alcanza una nueva vida de la que participa también toda la creación, ya renovada (Ap 22,1-5).

NOTAS

ÍNDICE